Mercy Khasiani-Omoke

A influência dos meios de comunicação social na formação das percepções do risco de VIH e SIDA

Mercy Khasiani-Omoke

A influência dos meios de comunicação social na formação das percepções do risco de VIH e SIDA

ScienciaScripts

Imprint

Any brand names and product names mentioned in this book are subject to trademark, brand or patent protection and are trademarks or registered trademarks of their respective holders. The use of brand names, product names, common names, trade names, product descriptions etc. even without a particular marking in this work is in no way to be construed to mean that such names may be regarded as unrestricted in respect of trademark and brand protection legislation and could thus be used by anyone.

Cover image: www.ingimage.com

This book is a translation from the original published under ISBN 978-620-2-06544-3.

Publisher:
Sciencia Scripts
is a trademark of
Dodo Books Indian Ocean Ltd. and OmniScriptum S.R.L publishing group

120 High Road, East Finchley, London, N2 9ED, United Kingdom
Str. Armeneasca 28/1, office 1, Chisinau MD-2012, Republic of Moldova, Europe
Printed at: see last page
ISBN: 978-620-7-85781-4

Índice

Dedicação e agradecimento 2

CAPÍTULO 1 3

CAPÍTULO 2 19

CAPÍTULO 3 37

CAPÍTULO 4 43

CAPÍTULO 5 56

REFERÊNCIAS 61

Dedicação e reconhecimento

Quero exprimir a minha sincera gratidão a várias pessoas que me deram orientação moral, financeira, espiritual e intelectual. Não teria chegado tão longe se não fosse por elas. Um agradecimento especial ao meu supervisor, Prof. Michael Bowen, que trabalhou incansavelmente para garantir que o meu trabalho estivesse à altura. Gostaria também de agradecer ao meu chefe de divisão no Conselho Nacional de Controlo da SIDA, Dr. Patrick Muriithi, por ter dedicado o seu tempo a aconselhar-me sobre métodos e processos de investigação.

Finalmente, gostaria de agradecer à minha mãe, Lady Justice Sarah Ondeyo, pelo apoio financeiro e moral que me deu durante os meus anos de estudo.

CAPÍTULO 1

ANTECEDENTES E PANORÂMICA

Introdução

Cerca de 50 milhões de pessoas, incluindo crianças, estão infectadas pelo VIH e pela SIDA em todo o mundo. Em dezembro de 2010, 1,6 milhões de pessoas no Quénia viviam com o VIH, prevendo-se que este número continue a aumentar, o que, por sua vez, continuará a exercer mais pressão sobre os sistemas de saúde e de serviços sociais do país (Conselho Nacional de Controlo da SIDA [NACC] e Programa Nacional de Controlo da SIDA e das IST [NASCOP], 2012). O Inquérito Demográfico e de Saúde do Quénia (2008/09) revela que, apesar do elevado nível de sensibilização para o VIH e a SIDA entre os quenianos, a proporção de adolescentes e jovens adultos que se envolvem em práticas sexuais de risco e imprudentes continua a ser alarmantemente elevada.

De acordo com a ONUSIDA (1999), o comportamento humano não é uma simples questão de escolha individual. Uma vez que as pessoas vivem e agem no seio de comunidades ou sociedades específicas, o seu comportamento será normalmente orientado e influenciado pelos valores sociais das suas respectivas sociedades ou comunidades e, como Kamaara (2004) afirma, o comportamento sexual humano é um produto da imposição sociocultural sobre os factores biológicos do indivíduo. O comportamento sexual humano é, portanto, determinado e controlado por factores exteriores ao ser humano individual.

Em geral, a prevalência do VIH entre os jovens quenianos na faixa etária dos 15 aos 24 anos é de 4%, tendo o condado de Kisumu a taxa de prevalência mais elevada, de 8% (Kenya HIV and AIDS Indicator Survey [KAIS] 2007). Um inquérito subsequente realizado no Quénia revela que os jovens começam a ter relações sexuais bastante cedo, com 47% das mulheres e 58% dos homens inquiridos a terem relações sexuais até aos 18 anos (NACC, 2007; KDHS, 2008). O Distrito Leste de Kisumu, com uma população de 54 124 jovens entre os 15 e os 19 anos, tem uma taxa de prevalência do VIH e da

SIDA de 12,2%, o que representa o dobro da prevalência nacional do VIH (estimativas do condado, 2011). Estes jovens correm o risco de contrair o VIH e a SIDA, pois é provável que a maioria deles se tenha envolvido em actividades sexuais imprudentes até aos dezoito (18) anos.

A elevada prevalência do VIH e da SIDA no Condado de Kisumu e no Distrito Leste de Kisumu, em particular, pode ser atribuída a vários factores. Entre eles, a relutância em adotar uma mudança de comportamento, apesar da disponibilidade de informação e de campanhas nacionais generalizadas de sensibilização para o VIH e a SIDA. Há também a dimensão cultural do problema que não pode ser ignorada e que tem um impacto negativo na tomada de decisões correctas no que diz respeito ao comportamento sexual individual. Consequentemente, uma mudança de comportamento tornou-se difícil de realizar devido a práticas culturais como a herança da esposa e a poligamia, entre outras. Estas práticas são predominantes no condado de Kisumu, onde vive a comunidade Luo.

Um relatório da UN Habitat (2006) sobre a gestão do VIH e da SIDA a nível local em África revelou que Kisumu é a mais pobre das grandes cidades do Quénia, com uma prevalência de pobreza absoluta de 48%. O distrito carece de abrigos adequados, com cerca de 60% da população urbana a residir nos aglomerados periurbanos e informais que não dispõem de serviços básicos. Uma vez que a pobreza é o principal fator de predisposição para o sexo casual e a promiscuidade, esta situação pode, entre outras coisas, explicar a incapacidade de mudança e, consequentemente, a elevada prevalência do VIH e da SIDA no distrito.

A comunicação como estratégia de luta contra o VIH e a SIDA é fundamental para as estratégias de prevenção destinadas a influenciar o comportamento individual e social (ONUSIDA, 1999). Embora muito pouca investigação tenha incidido sobre os factores determinantes das percepções de risco e sobre o papel da comunicação em particular, os esforços de comunicação têm estado no centro das estratégias de prevenção do VIH e da SIDA (ONUSIDA, 1999).

As estratégias de comunicação desenvolvidas para combater a pandemia de VIH nos países africanos em meados da década de 1990 centraram-se principalmente na divulgação de informações em grande escala, juntamente com a garantia de segurança do sangue, o acesso ao tratamento de doenças sexualmente transmissíveis (DST) e a disponibilidade de preservativos em grande escala. Isto baseava-se no pressuposto de que a falta de informação exacta sobre a infeção e a transmissão do VIH era um catalisador primário para a propagação das infecções e que esta abordagem provocaria uma mudança de comportamento, reduzindo assim as infecções (ONUSIDA 1999). O planeamento estratégico da comunicação sobre o VIH e a SIDA centrou-se, portanto, na determinação dos conhecimentos, atitudes e práticas dos indivíduos considerados em risco de infeção.

No processo de desenvolvimento dessas estratégias de comunicação, as variáveis que contribuem para o comportamento foram identificadas e, em seguida, foi desenvolvida uma teoria para explicar como essas variáveis estavam relacionadas. Foi então concebida uma intervenção para influenciar estas variáveis com o objetivo de produzir a mudança de comportamento desejada, na esperança de reduzir novas infecções. Para conseguir uma mudança de comportamento, a atenção passou a centrar-se no fornecimento de informações correctas sobre as infecções, a transmissão e a prevenção do VIH e da SIDA. Infelizmente, esta abordagem não produziu o efeito desejado, uma vez que a propagação da doença continuou a um ritmo alarmante, não só entre os grupos de comportamento de alto risco, mas também entre os outros segmentos da população, em particular as mulheres e os jovens. Tornou-se claro, portanto, que havia necessidade de desenvolver estratégias e programas multifacetados para combater a pandemia.

Inicialmente, pensava-se que a informação era a chave para a mudança de comportamento, daí o desenvolvimento de programas de prevenção do VIH, centrados no aumento da sensibilização para os modos de transmissão e prevenção da doença. (Cohen, 1992). Uma análise das mensagens adoptadas pelos programas de informação e educação dos Programas Nacionais de Controlo da SIDA de 38 países diferentes revelou que mais de 90% desses programas se centravam na correção de percepções erradas sobre a SIDA, enquanto cerca de 80% forneciam informações sobre a avaliação dos riscos pessoais (Cohen, 1992). Muitos esforços de educação em massa conseguiram sensibilizar para a SIDA, informando as pessoas sobre os riscos da infeção pelo VIH. De facto, alguns programas baseados na educação revelaram-se suficientes para alterar comportamentos de alto risco, aumentar a venda de preservativos e reduzir novas infecções pelo VIH (Kalichman, 1997).

Consequentemente, o relatório AIDS in Kenya 2005 revelou uma queda significativa nas taxas e no número de novas infecções na última década em relação ao aumento da percentagem de pessoas conscientes dos modos de transmissão do VIH e da SIDA. O relatório também revelou que a prevalência do VIH e da SIDA diminuiu drasticamente de 10% no final dos anos 90 para 7% em 2003. Foram realizados vários estudos sobre o impacto das campanhas de comunicação social relacionadas com o VIH. Uma análise de 49 desses estudos, abrangendo 18 países, para avaliar o impacto das campanhas dos meios de comunicação social relacionadas com o VIH em 1996, concluiu que a maioria das campanhas que visavam objectivos a nível individual de conhecimentos, atitudes ou mudanças de comportamento eram geralmente bem sucedidas na consecução desses objectivos (Holtgrave, 1997).

Vários outros estudos mostraram que a eficácia do trabalho de prevenção do VIH e da SIDA depende unicamente dos conhecimentos e das atitudes em relação à infeção pelo VIH (Mungherera, 1997; Horsman & Sheeren, 1995; Ngoumo, 1995; Louw, 1994). A comunicação dos riscos é, portanto, importante para promover um comportamento protetor adequado por parte daqueles a quem a informação é dirigida.

Diz-se frequentemente que a educação é a vacina contra o VIH. Consequentemente, os meios de comunicação social no Quénia e, na verdade, em todo o mundo, têm um papel fundamental a desempenhar na luta contra o VIH e a SIDA. Os meios de comunicação social, em particular os meios de radiodifusão, têm um enorme alcance e influência e são um instrumento muito importante na luta contra o VIH e a SIDA e na promoção da sensibilização para o tema do VIH e da SIDA. De facto, muitas empresas e organizações de comunicação social no Quénia e noutros países empenharam-se em educar as massas sobre o VIH e a SIDA e sobre a forma de prevenir a epidemia. (UNAIDS 2004)

VIH e SIDA e percepções de risco

O conceito de risco é complexo e difícil de comunicar de forma convincente e que conduza subsequentemente a uma tomada de decisão efectiva (Betty, 2009). De acordo com o Inquérito Demográfico e de Saúde do Quénia (2008/09), embora exista uma sensibilização generalizada para o VIH e a SIDA, esta sensibilização não foi acompanhada de uma diminuição significativa dos comportamentos sexuais potencialmente arriscados, nomeadamente entre os adolescentes e os jovens adultos. Culturalmente, na maioria das comunidades quenianas, é tabu os pais ou os adultos discutirem o tema do sexo. Este tabu constitui uma barreira à comunicação entre os pais e os filhos ou entre os adultos e os jovens sobre este assunto. Este estado de coisas torna difícil qualquer discussão sobre o comportamento sexual no contexto do VIH e da SIDA. Este é um desafio que deixou os jovens vulneráveis. O Inquérito Demográfico e de Saúde do Quénia (KDHS) 2008/09 revelou que 3

% dos jovens quenianos com idades compreendidas entre os 15 e os 24 anos são seropositivos, sendo a província de Nyanza a que apresenta a maior prevalência de VIH, com 8%.

De acordo com um relatório publicado pelo Governo queniano em 2002 (GoK, 2002), se a propagação da epidemia de VIH e SIDA não for controlada, representa uma ameaça para o desenvolvimento económico sustentável a longo prazo. Calcula-se que, sem o VIH e a SIDA, o Produto Interno Bruto (PIB) seria 14,5% mais elevado do que o valor atual (GOK 2002). Cohen (1998) é de opinião que, entre outros factores, a pobreza desempenha o papel principal na aceleração da propagação do VIH. Um estudo realizado pela Escola Secundária do Quénia em 2009 sobre as consequências da falta ou insuficiência de dinheiro de bolso entre os estudantes revelou que muitas jovens sucumbiram à prostituição associando-se a homens mais velhos e ricos que, em troca, lhes dão dinheiro de bolso.

Uma publicação de Njogu e Castro (2009), sobre a lacuna persistente entre os conhecimentos sobre o VIH e a SIDA e a prevenção de riscos entre os jovens quenianos, revela que a sensibilização generalizada para a SIDA não foi acompanhada de uma diminuição significativa dos comportamentos sexuais potencialmente de risco, em particular entre adolescentes e jovens adultos. Neste contexto, os comportamentos sexuais potencialmente arriscados podem ser definidos como o início precoce da atividade sexual (antes dos 15 anos), múltiplos parceiros sexuais nos últimos 12 meses, última relação sexual com um parceiro não regular, troca de dinheiro ou presentes por sexo nos últimos 12 meses e não utilização de preservativos (KDHS, 2008/09).

Akwara, Madise e Hinde (2003), através de um estudo sobre a perceção do risco de VIH e SIDA e o comportamento sexual no Quénia, indicaram uma associação forte e positiva entre a perceção do risco de VIH e SIDA e o comportamento sexual de risco, tanto para as mulheres como para os homens. A literatura de vários estudos sugere que as pessoas parecem fazer juízos sobre o risco com base numa série de factores e não apenas no seu conhecimento do risco e das consequências da SIDA (Nzioka, 1996; Ingham &Van Zessen, 1997).

Aakko (2004) defende que a perceção do risco afecta significativamente a comunicação, uma vez que a perceção é igual à realidade. O artigo de Aakko sobre a comunicação dos riscos, a perceção dos riscos e a saúde pública mostra que as pessoas encaram os riscos de forma diferente por razões diferentes. Os investigadores identificaram vários factores comuns que influenciam a perceção do risco. Por exemplo, os riscos que são considerados familiares, voluntários, naturais ou sob o controlo de um indivíduo são mais aceitáveis do que os riscos considerados desconhecidos, involuntários ou exóticos (Fischhoff, 1994).

Ao discutir o "risco aceitável", Fischhoff 1994, na sua proposta concetual, afirma que

A aceitabilidade do risco é um conceito relativo e envolve a consideração de diferentes factores. As considerações nestes julgamentos podem incluir: A certeza e a gravidade do risco; a reversibilidade do efeito na saúde; o conhecimento ou familiaridade do risco; se o risco é voluntariamente aceite ou involuntariamente imposto; se os indivíduos são compensados pela sua exposição ao risco; as vantagens da atividade; e os riscos e vantagens para quaisquer alternativas (p. 8).

Esta revelação é importante porque explica a razão pela qual o Distrito Leste de Kisumu tem uma prevalência mais elevada de VIH e SIDA em comparação com outros distritos do Quénia. Tal como foi postulado na proposta concetual sobre o risco aceitável, o conhecimento e a familiaridade do risco e o facto de o risco estar ou não sob o controlo de um indivíduo desempenham um papel importante na influência da perceção do risco por parte de uma comunidade ou de um indivíduo. Existe também uma grande heterogeneidade em termos de cultura e tradição entre os vários grupos étnicos do Quénia. O contexto sócio-cultural pode influenciar as percepções das pessoas através da interiorização de crenças, normas e práticas sexuais específicas.

No Condado de Kisumu e especificamente no Distrito Leste de Kisumu, a prática da herança das viúvas é predominante, assim como a poligamia e a crença na feitiçaria. Estes factores, juntamente com o medo e a crença na "*Chira*" (um termo Luo para designar uma doença que provoca o definhamento do corpo e que se crê afligir as pessoas que quebram tabus culturais), são componentes enraizados da cultura Luo. Todos eles têm sido associados à rápida propagação da SIDA (Quénia, 1998; Ayayo, 1976). Embora essas práticas e crenças possam aumentar o risco de infeção pelo VIH, podem não conduzir necessariamente a uma maior perceção do risco de VIH, se forem consideradas necessárias para o apoio social, um sentimento de pertença e o bem-estar emocional dos indivíduos e das famílias numa determinada comunidade.

Antecedentes do Distrito Leste de Kisumu em relação ao VIH e à SIDA

Kisumu, a terceira maior cidade do Quénia, tem uma população de aproximadamente 345.312 pessoas. É a sede do distrito de Kisumu Leste e de toda a província de Nyanza. Esta cidade serve de convergência de comunicação e comércio para a região dos Grandes Lagos. O distrito de Kisumu Leste tem duas divisões administrativas, nomeadamente a divisão de Winam, com uma população de 412 323 pessoas, e a divisão de Kadibo, com uma população de 61 326 pessoas. Cada uma destas duas divisões tem um total de oito (8) localidades administrativas e 43 sub-localidades. O distrito tem, portanto, uma população total de 473 649 pessoas (Plano de

Desenvolvimento do Distrito Leste de Kisumu 2008-2012) e uma prevalência de VIH e SIDA de 12,2%. Isto apesar das extensas campanhas de sensibilização e educação sobre o VIH e a SIDA.

De acordo com um estudo realizado pelo Institute of Policy Analysis and Research (2004) sobre o flagelo do VIH e da SIDA na província de Nyanza, o sexo casual é comum entre os jovens e também entre os jovens e os adultos. Este estudo também revela que, apesar do conhecimento sobre o VIH e a SIDA, as mulheres pobres, que são a maioria na comunidade, são atraídas para o sexo casual por homens de estatuto económico mais elevado em troca de favores como comida, roupa e dinheiro, entre outras necessidades. Este estado de coisas tem, na ausência de intervenções eficazes, contribuído para o aumento das infecções por VIH na província, particularmente entre os jovens (NACC, 2007).

Uma análise da situação feita pelo Population Council e Constella Futures, sobre a saúde sexual e reprodutiva e as necessidades de prevenção e risco de VIH de crianças órfãs e vulneráveis na província de Nyanza (2007), concluiu que, apesar do facto de muitas intervenções contra o VIH e a SIDA terem sido dirigidas para a província de Nyanza, a província continua a ter a maior prevalência de infeção e, por conseguinte, o nível mais elevado de orfandade no Quénia. Por conseguinte, é evidente que o problema não é a falta de conhecimentos sobre o VIH, mas sim prioridades mal colocadas na tomada de decisões correctas.

Uma investigação realizada pelo Departamento de Serviços à Criança no ano de 2007 revelou que a pobreza é um dos principais factores que aumenta a vulnerabilidade ao risco para a saúde sexual e reprodutiva entre os jovens de Nyanza. Pensa-se que a falta de propinas escolares e a incapacidade de satisfazer necessidades básicas como comida, roupa, roupa de cama, sabão e óleo corporal, motivam os jovens a praticar sexo transacional para poderem satisfazer essas necessidades.

Um testemunho de um dos inquiridos durante a análise da situação sobre a saúde sexual e reprodutiva e as necessidades de prevenção e risco de VIH de crianças mais velhas órfãs e vulneráveis na província de Nyanza (2007) revelou que, enquanto as raparigas enfrentavam riscos mais elevados do que os rapazes, as crianças que tinham ficado órfãs enfrentavam riscos mais elevados do que as crianças que não tinham ficado órfãs. Este facto é corroborado pela seguinte declaração de uma cuidadora viúva que aparece na análise situacional, (Comunicação pessoal, 20 de setembro de 2007) na qual ela é citada como tendo dito que:

A pobreza a nível familiar pode colocar as crianças em risco. Gostaria de dar um exemplo prático do que aconteceu na minha própria casa. Tenho uma criança de 17 anos. Ela tinha sapatos velhos e as escolas estavam quase a abrir. Eu disse-lhe para continuar a ir à escola com os sapatos velhos enquanto procurava dinheiro. Ela foi à escola mas, quando as escolas fecharam, não voltou para casa. Fugiu com um jovem que achava que lhe ia dar sapatos novos. Dois dias depois do fecho da escola, fiquei preocupado quando não a vi. Comecei a fazer um acompanhamento para saber onde é que ela estava. Uma rapariga que anda na mesma escola que ela encaminhou-me para a casa de um jovem onde ela estava. Sondei-a educadamente para saber por que razão tinha tomado aquela decisão. Ela revelou-me que estava à procura de sapatos novos para usar na escola. É por isso que digo que a pobreza em casa pode levar uma criança a ter um comportamento impróprio. Peguei na minha filha e fui para casa (p. 9)

O mesmo estudo concluiu que a pobreza obrigava as crianças de famílias pobres a envolverem-se em actividades geradoras de rendimentos. Isto era especialmente verdade no caso dos rapazes órfãos, de quem se esperava que trouxessem rendimentos para o agregado familiar através de actividades como a pesca, a recolha de areia e o transporte de bicicletas. O ambiente em que estes rapazes trabalhavam deixava-os vulneráveis a actividades sexuais, voluntárias ou coercivas. Nesse sentido, acredita-se que os meninos envolvidos na pesca praticam sexo transacional com mulheres adultas que trabalham como vendedoras de peixe. Este facto é apoiado pelo seguinte extrato de uma entrevista realizada pelo departamento de serviços para crianças em 2007 (Criança do sexo masculino, comunicação pessoal e setembro de 2007):

Alguns deles (rapazes), depois de receberem dinheiro da pesca, usam o dinheiro para consumir álcool e depois de consumir álcool não se sabe o que está a acontecer.

Acabam por ter sexo com pessoas que não conhecem, quer sejam as vossas mães ou irmãs. Portanto, isto é por causa do álcool. (p. 10)

Declaração do problema

Um relatório da ONUSIDA sobre as actualizações regionais do VIH e da SIDA em África em 2009 revela que a epidemia de VIH e SIDA se tornou um grave problema de saúde, socioeconómico e de desenvolvimento em muitos países africanos, incluindo o Quénia. Continua a ceifar vidas e os jovens, que são o futuro de qualquer nação, não foram poupados. A Estratégia Nacional de Comunicação sobre o VIH e a SIDA para a Juventude do Quénia, 2007, refere que 32% da população do Quénia é constituída por jovens com idades compreendidas entre os 15 e os 29 anos. Destes, 57% (5 262 000) são mulheres e 43% (4 742 000) são homens. Os jovens estão no centro da epidemia de VIH e SIDA, uma vez que são mais susceptíveis de se envolverem em comportamentos de alto risco (NACC, 2007). De acordo com o Inquérito de Indicadores do VIH e da SIDA no Quénia (2007), a prevalência global do VIH entre os jovens com idades compreendidas entre os 15 e os 24 anos é de 4%, tendo Nyanza a prevalência mais elevada de 8%.

O Inquérito Demográfico e de Saúde do Quénia (2008) mostra que os jovens começam a ter atividade sexual cedo, com 47% das mulheres e 58% dos homens a terem relações sexuais até aos 18 anos. Este facto expõe os jovens aos muitos riscos inerentes a uma iniciação sexual precoce. O relatório de Vigilância Sentinela do VIH de 2010 encontrou fortes indícios de uma tendência crescente na prevalência de infecções por VIH na província de Nyanza, em comparação com as outras províncias, nas últimas três rondas de Vigilância Sentinela. De facto, só o distrito de Kisumu Leste, com uma população de 54.123 jovens com idades compreendidas entre os 15 e os 19 anos, tem uma prevalência de VIH de 12,2%.

Numa tentativa de erradicar a pandemia do VIH e da SIDA e a sua ameaça em Kisumu, médicos especialistas, investigadores, várias organizações governamentais e não governamentais e os meios de comunicação social envidaram esforços no sentido de informar e educar o público queniano sobre a gravidade da doença, a forma como é transmitida e como evitar ser infetado.

No entanto, apesar de todos estes esforços, que incluem a educação pública e as campanhas generalizadas de sensibilização para a SIDA através dos meios de comunicação e de outras fontes, a percentagem de jovens que se envolvem em práticas sexuais de risco permanece elevada (KAIS, 2007; NACC, 2007; KDHS, 2009). Por conseguinte, é evidente que todos estes esforços não tiveram um impacto positivo na formação das percepções de risco do VIH e da SIDA entre os jovens em idade escolar no distrito de Kisumu. O estudo procura, portanto, descobrir a influência, caso exista, dos meios de comunicação social na formação das percepções de risco do VIH e da SIDA entre os jovens e criar uma compreensão de como essas percepções informam o comportamento no que diz respeito às escolhas sexuais.

Objetivo do estudo

O objetivo deste estudo é determinar a influência dos meios de comunicação social na formação da perceção de risco do VIH e da SIDA entre os jovens do distrito de Kisumu Leste. Isto ajudará na identificação de intervenções e programas para enfrentar o desafio das infecções por VIH e SIDA entre os jovens na área de estudo.

Objectivos do estudo

Os objectivos do estudo são:

1. Avaliar o nível de conhecimentos e de sensibilização para o VIH e a SIDA entre os jovens do distrito de Kisumu Leste.

2. Avaliar as percepções de risco de VIH e SIDA dos jovens na área de estudo

3. Investigar as fontes de informação sobre o VIH e a SIDA acessíveis aos jovens na área de estudo

4. Descobrir a influência da comunicação dos meios de comunicação social nas percepções de risco dos jovens relativamente ao VIH e à SIDA na área de estudo

Questões de investigação

A investigação procurou descobrir a influência que os meios de comunicação social têm na formação das percepções de risco do VIH e da SIDA e as fontes de informação sobre o VIH e a SIDA que moldam essas percepções. A investigação procurou colocar as seguintes questões:

1. Qual é o nível de conhecimentos e de sensibilização para o VIH e a SIDA entre os jovens do distrito de Kisumu Leste?

2. Quais são as percepções de risco de VIH e SIDA dos jovens na área de estudo?

3. Quais são as fontes de informação sobre o VIH e a SIDA acessíveis aos jovens na área de estudo?

4. Qual é a influência da comunicação dos meios de comunicação social na perceção de risco dos jovens relativamente ao VIH e à SIDA na área de estudo?

Importância do estudo

Os jovens representam uma grande proporção da população queniana (aproximadamente 32%) e a prevalência do VIH é relativamente elevada (NACC, 2007; MOH & ORC Macro, 2004). Os jovens no Quénia e, na verdade, em qualquer outra nação representam a futura geração da nação. Por conseguinte, o curso futuro da epidemia dependerá em grande medida do êxito das estratégias de prevenção adoptadas por este grupo (Zabin & Kiragu, 1998; UNICEF/UNAIDS/OMS, 2002). Além disso, iniciar um comportamento sexual seguro desde a adolescência é a solução mais eficaz a longo prazo para a propagação persistente do VIH (NACC, 2003).

Os conhecimentos sobre saúde reprodutiva e o comportamento sexual e contracetivo dos adolescentes e jovens adultos podem ter implicações importantes na sua saúde e bem-estar. A investigação mostrou que, em muitos países, poucos jovens estão equipados com a informação, as competências e os recursos necessários para lidar com uma transição saudável para a vida adulta (Ndola, 2006; NACC, 2007). Uma vez que a comunicação dos riscos se baseia em informações extraídas de avaliações sistemáticas dos riscos (Federal Emergency Management Agency, 1997), programas adequados, incluindo campanhas nos meios de comunicação social e educação sexual de qualidade para jovens dentro e fora da escola, forneceriam informações importantes que provavelmente aumentariam a capacidade dos jovens de avaliar corretamente o seu risco de infeção pelo VIH e de reduzir comportamentos sexuais de risco.

O estudo das percepções deste grupo-alvo fornecerá, por conseguinte, informações para o desenvolvimento de uma estratégia de comunicação adequada sobre o VIH e a SIDA para os jovens no Quénia e informará os decisores políticos sobre medidas de atenuação que orientarão o desenvolvimento de estratégias mais eficazes de luta contra o VIH e a SIDA na área de estudo. Por último, os resultados do estudo informarão os pais/encarregados de educação e contribuirão para o conjunto de conhecimentos sobre os factores que influenciam a tomada de decisões no que diz respeito à adoção de comportamentos sexuais seguros entre os jovens.

Justificação do estudo

Como já foi referido, o KDHS 2008/09 revelou que a província de Nyanza tem a prevalência de infeção mais elevada no Quénia, com uma prevalência de 8% entre os jovens dos 15 aos 24 anos, em comparação com a prevalência nacional global de 6,3%. O mesmo estudo revelou que a prevalência do VIH aumenta com a idade, passando de 2% entre os jovens dos 15 aos 17 anos para quase 6% entre os jovens dos 23 aos 24 anos.

O distrito de Kisumu East está entre os 19 distritos da província de Nyanza e tem uma prevalência de 12,2%. O relatório de 2010 da Vigilância Sentinela do VIH nas Clínicas Pré-Natais (ANC) encontrou fortes indícios de uma tendência crescente na prevalência de infecções por VIH em Nyanza, em comparação com as outras províncias do país, nas últimas três rondas da Vigilância Sentinela. A investigação demonstrou que, apesar da sensibilização generalizada para a SIDA, a proporção de adolescentes e jovens adultos que se envolvem em práticas sexuais de risco permanece elevada (KAIS, 2007; NACC, 2007; KDHS, 2008/09). Por conseguinte, é importante não só aumentar a sua sensibilização geral para os riscos, mas também influenciá-los a transferir estes conhecimentos para a sua experiência pessoal.

Limitações do estudo

Este estudo teve limitações que afectaram a generalização dos resultados. Uma vez que se dirigiu a jovens do ensino secundário com idades compreendidas entre os 15 e os 19 anos, o estudo não considerou nem captou as opiniões dos jovens da mesma idade que não frequentavam a escola.

Pressupostos do estudo

Este estudo partiu dos seguintes pressupostos:

1.   Que a prevalência do VIH entre os jovens poderia ser reduzida se a sua perceção do risco aumentasse.

2.   Que os inquiridos foram verdadeiros ao preencherem os questionários Âmbito do estudo

O estudo foi realizado no distrito de Kisumu Leste entre jovens do ensino secundário com idades compreendidas entre os 15 e os 19 anos. Foi utilizada uma amostra de 375 estudantes. O investigador visitou um total de cinco escolas no distrito.

Definição de termos-chave

A comunicação é o processo pelo qual a informação é trocada entre indivíduos (DeVito, 2005). A comunicação também se refere a qualquer interação que leve à partilha de informações, ideias e sentimentos entre as pessoas (Montana, 2008). Neste estudo, a comunicação é vital, uma vez que ajudará a definir o curso dos pensamentos, sentimentos e opiniões de diferentes pessoas no que diz respeito à informação sobre o VIH e a SIDA.

Perigo é um incidente desagradável que pode levar a contrair o vírus do VIH e da SIDA. Neste caso, um comportamento relacionado com o risco pode ser considerado um perigo. Neste estudo, as mensagens transmitidas devem servir de aviso aos jovens de que o envolvimento em actividades sexuais prematuras e casuais tem consequências terríveis, que incluem contrair o vírus VIH, e que ignorar a informação contida nessas mensagens os expõe ao perigo de contrair o VIH e a SIDA.

Os meios de comunicação *de massas* são canais de comunicação através dos quais as mensagens circulam. Essas mensagens são concebidas para serem consumidas por grandes audiências (NACC, 2007). No estudo, os meios de comunicação de massas são qualquer comunicação que possa alcançar e influenciar um grande número de pessoas. Esses canais de comunicação incluem a televisão, a rádio e os jornais.

A perceção é definida como um processo pelo qual os indivíduos organizam e interpretam a sua informação sensorial (Milbourne, 2001). Neste estudo, portanto, espera-se que as mensagens que chegam aos jovens os capacitem a evitar o risco que advém do contacto sexual prematuro com membros do sexo oposto. Por conseguinte, estas mensagens devem ajudá-los a reconhecer as consequências de um comportamento sexual imprudente e a reconhecer que a forma como se comportaram depois de compreenderem a informação transmitida através destas mensagens definiu claramente as suas vidas no futuro.

O risco é a probabilidade de o retorno efetivo de um investimento ser diferente do esperado. Inclui a possibilidade de perder parte ou a totalidade do investimento inicial. As diferentes versões do risco são geralmente medidas através do cálculo do desvio-padrão das rendibilidades históricas ou das rendibilidades médias de um investimento específico. Um desvio-padrão elevado indica um elevado grau de risco (Levy, 2006).

O risco também pode ser definido como uma combinação da probabilidade de um acontecimento (normalmente adverso) e da natureza e gravidade do acontecimento. O principal objetivo da compreensão e comunicação do risco é identificar e impor prioridades e tomar as medidas adequadas para minimizar o risco (Information Society Technologies, 2003).

Neste estudo, o risco é a probabilidade de uma pessoa contrair a infeção pelo VIH. Certos comportamentos criam, reforçam e perpetuam esse risco. O comportamento de risco pode ser identificado como qualquer comportamento com as seguintes características destacadas, entre outras: início da atividade sexual numa idade precoce, parceiros sexuais múltiplos ou casuais, troca de presentes ou dinheiro em troca de sexo ou nunca utilização de preservativo.

A aversão ao risco é a falta de vontade de correr riscos. De acordo com o estudo, as mensagens divulgadas aos jovens destinavam-se a capacitá-los para que não estivessem dispostos a correr riscos, como o de se envolverem em actividades sexuais prematuras.

A perceção do risco refere-se ao juízo particular que as pessoas fazem sobre as características e a gravidade do risco (Slovic, 2002). A perceção do risco é também a avaliação subjectiva da probabilidade de ocorrência de um determinado tipo de acidente (ou seja, contrair o VIH) e do grau de preocupação com as consequências (Trondheim, 2004). Na aplicação a este estudo, a perceção do risco foi útil na medida em que a população-alvo entrou em contacto com informações sobre o VIH e a SIDA, o que resultou numa mudança ou ausência de mudança de atitude relativamente às suas opiniões sobre o VIH e a SIDA.

A influência refere-se ao efeito que algo tem sobre a forma como uma pessoa pensa ou se comporta (Oxford, 2011). Em relação ao estudo, a influência é o efeito dos meios de comunicação social sobre as percepções e o comportamento dos jovens no que diz respeito à prevenção do VIH e da SIDA.

Por jovem entende-se qualquer pessoa na faixa etária dos 15 aos 30 anos (KNYP 2007). Em relação ao estudo, um jovem é qualquer pessoa do sexo masculino ou feminino na faixa etária dos 15 aos 19 anos.

Resumo

O primeiro capítulo apresenta os antecedentes do estudo e o enunciado do problema. Apresenta também a finalidade, os objectivos, a importância, as limitações e as delimitações do estudo.

CAPÍTULO 2

REVISÃO DA LITERATURA

Introdução

Neste capítulo, a literatura relevante relacionada com o estudo é revista e, com o apoio da literatura existente, são explicados os conceitos e teorias básicos sobre o objeto de estudo. A literatura disponível apresenta também várias teorias sobre o comportamento. A teoria do prospeto informa o estudo, uma vez que tenta explicar as decisões entre alternativas que envolvem risco com resultados incertos e probabilidades conhecidas. De acordo com a Teoria do Prospeto, as atitudes das pessoas em relação ao risco de ganhos podem ser bastante diferentes das suas atitudes em relação ao risco de perdas.

Comunicação e VIH e SIDA

A comunicação é fundamental para as estratégias de prevenção destinadas a influenciar o comportamento individual e social (ONUSIDA, 1999). De acordo com Laswell (1948), toda a comunicação deve ser analisada em termos de quem (a fonte), diz o quê (a mensagem), através de que meio (o canal que transmite a mensagem), para quem (o destinatário da mensagem) e dirigida a que tipo de mudança (o efeito).

Este modelo de comunicação ajuda-nos a compreender a comunicação dos riscos do VIH e da SIDA como um processo com parâmetros claramente definidos relativamente à fonte, à mensagem, ao canal e ao efeito pretendido da mensagem. Na maioria das vezes, a fonte é uma autoridade, a mensagem descreve o perigo circundante e o efeito pretendido é uma mudança no comportamento do destinatário. No entanto, as características do destinatário têm uma influência muito importante em cada uma das fases do processo de comunicação. Por exemplo, o efeito de uma dada fonte de informação sobre o VIH e a SIDA é determinado pela perceção que o destinatário tem dessa fonte, enquanto o efeito da mensagem é determinado pela vontade e capacidade do destinatário para compreender e reter essa informação.

Reconhecendo que os meios de comunicação social são um instrumento poderoso na luta contra o VIH e a SIDA, Kofi Annan, antigo Secretário-Geral das Nações Unidas, numa publicação intitulada "Os meios de comunicação social e o VIH e a SIDA" (2004), faz a seguinte declaração

Quando se está a trabalhar para combater uma emergência desastrosa e crescente, devem-se utilizar todas as ferramentas à disposição. O VIH e a SIDA são a pior epidemia que a humanidade alguma vez enfrentou. Alastrou mais, mais rapidamente e com efeitos mais catastróficos a longo prazo do que qualquer outra doença. O seu impacto tornou-se um obstáculo devastador ao desenvolvimento. Os meios de comunicação social têm um alcance e uma influência tremendos, especialmente junto dos jovens, que representam o futuro e que são a chave de qualquer luta bem sucedida contra o VIH e a SIDA. Temos de procurar envolver estas poderosas organizações como parceiros de pleno direito na luta para travar o VIH e a SIDA através da sensibilização, da prevenção e da educação. (p.4)

Tal como estipulado no discurso de Kofi Annan, muitos programas de comunicação e de promoção da saúde partem do pressuposto de que a mudança de comportamento individual pode ser conseguida através de programas de educação e de sensibilização. Isto explica porque é que os programas iniciais de sensibilização e educação do público sobre o VIH e a SIDA visavam o indivíduo e não a comunidade.

Kamaara (2004) diz-nos que, no passado, a comunicação sobre o VIH e a SIDA se centrava na transmissão de informação com a intenção de afetar o comportamento e o estado de espírito. Estes programas de comunicação, educação e sensibilização visavam os indivíduos e não as comunidades, daí o pouco sucesso alcançado. No entanto, com a perceção de que as comunidades são partes interessadas importantes, detentoras de diferentes crenças e práticas tradicionais que afectam os padrões de comportamento dos indivíduos que vivem nessas comunidades, tornou-se necessário mudar o foco das campanhas para que as comunidades, e não o indivíduo, se tornassem o alvo dos programas de comunicação. Nos últimos anos, a abordagem na luta contra a ameaça do VIH tem-se centrado para além dos riscos individuais, incluindo factores ambientais e sociais que influenciam os comportamentos de risco.

Quando se dirigem à comunidade, as estratégias de comunicação sobre o VIH e a SIDA devem ser culturalmente adequadas para serem facilmente aceites. No entanto, quando certas normas e valores culturais e tradicionais dominantes favorecem as condições para a propagação do VIH e da SIDA, e para que essa comunicação tenha um impacto positivo, é necessário que os meios de comunicação social e os profissionais da comunicação visem o abandono dessas normas e valores culturais e tradicionais.

Os meios de comunicação social podem ser fundamentais para quebrar o silêncio que rodeia o VIH e a SIDA e para criar um ambiente que encoraje o debate sobre a forma como os indivíduos se protegem através da mudança de comportamento, entre outros. Através de uma variedade de intervenções, os meios de comunicação social podem desempenhar um papel fundamental na luta contra o VIH e a SIDA, combatendo as normas, tradições, valores e condições sociais existentes que aumentam as infecções e a propagação do vírus. Os exemplos citados abaixo demonstram que, no passado, essas intervenções dos meios de comunicação social produziram resultados positivos e provocaram mudanças positivas na sociedade. Um relatório da Global Media AIDS Initiative (2004) revela que foi através de intervenções dos meios de comunicação social que a aldeia de Lutsaan, na Índia, virou as costas ao sistema de dote depois de ter ouvido uma telenovela radiofónica chamada *"TinkaTinkaSukh"* (Pequenos passos para uma vida melhor) transmitida em todas as rádios indianas. O mesmo relatório revela também que a mudança de política social em matéria de violência doméstica, na África do Sul, foi concretizada quando uma popular telenovela local, *"Soul City"*, foi para o ar pela National Broadcasting Corporation. A série, que tratava do VIH e da SIDA, trouxe à tona a questão subjacente da violência doméstica quando uma personagem, que era um professor respeitado, abusava da sua mulher.

Através da defesa da telenovela local *"Soul city"* e da pressão de uma coligação de activistas de base, foi implementada a Lei da violência doméstica de 1999. Os departamentos governamentais e os funcionários reconheceram que a implementação desta lei foi influenciada pela campanha mediática. Estes dois exemplos são a prova de que os media são um poderoso instrumento de comunicação. Em cada um dos exemplos acima referidos, os organismos de radiodifusão abriram novos caminhos e desafiaram a violência doméstica que anteriormente era socialmente aceite como normal. Fizeram-no de uma forma que não alienou necessariamente, mas que atraiu o público (Global Media AIDS Initiative, 2004).

De acordo com McQuail (2005), sempre que os vários meios de comunicação exercem influência, também provocam mudanças, sendo o foco fixado na direção e na força da ligação entre o canal de comunicação e as mudanças que ocorrem na sociedade. Essas mudanças dependem normalmente de vários factores, nomeadamente: a tecnologia utilizada para comunicar, a forma e o conteúdo dos meios de comunicação, a estrutura social e o arranjo institucional e a distribuição de opiniões, crenças, valores e práticas entre a população.

Um dos papéis evidentes dos meios de comunicação social é abrir canais de comunicação e incentivar o debate sobre o VIH e a SIDA. Abordar as questões do VIH e da SIDA através de programas de entretenimento pode influenciar positivamente as pessoas em risco. Coulson (2002) relata que uma novela radiofónica tanzaniana *"Twende na wakati"* (Vamos com os tempos), que foi ao ar pela primeira vez em 1993, aumentou significativamente a percentagem de ouvintes da rádio dispostos a falar sobre questões relacionadas com o VIH e a SIDA. Uma avaliação do impacto deste programa na audiência revelou que 65% das pessoas que participaram no processo de avaliação tinham sido positivamente influenciadas pela telenovela, uma vez que declararam ter adotado uma medida de prevenção do VIH em resultado da audição das telenovelas.

No entanto, com base no exemplo da Nigéria, é evidente que nem todos os programas de comunicação que acabam por sensibilizar para o VIH e a SIDA conduzem a uma mudança de comportamento. Um estudo realizado na Nigéria por Omoera (2010) revela que, ao transmitir programas que abordam o VIH e a SIDA, os meios de comunicação social na Nigéria conseguiram sensibilizar para as consequências do sexo casual e outras questões associadas ao VIH e à SIDA. O mesmo estudo revelou, no entanto, que a elevada educação e sensibilização criadas pelos meios de comunicação social não se reflectiram na conduta das pessoas na localidade de Edo, uma vez que continuaram a praticar sexo casual apesar dessa sensibilização e educação. Do mesmo modo, no Quénia, há vários programas e anúncios pagos que passam na televisão e na rádio com o objetivo de aumentar a sensibilização e a educação para o VIH e a SIDA entre o público em geral. Programas como *"Siri"* e *"Shuga"*, transmitidos em estações de televisão de todo o país, contribuem para a sensibilização para o VIH e a SIDA, com o objetivo de incentivar a sociedade a aceitar as pessoas que vivem com o VIH e a SIDA. No entanto, isto não se traduziu nos resultados desejados, uma vez que os níveis de estigma e discriminação no país continuam elevados.

Da mesma forma, o KDHS 2008/09 constatou que a prevalência do VIH e da SIDA na província de Nyanza e no distrito de Kisumu Leste, em particular, era elevada, apesar da disponibilidade de informação e das campanhas nacionais generalizadas na região. O relatório de vigilância sentinela do VIH de 2010 vai mais longe e apresenta fortes indícios de uma tendência crescente da prevalência das infecções pelo VIH na província de Nyanza. Isto ilustra, portanto, que as percepções de risco das pessoas no distrito de Kisumu Leste podem ser influenciadas pelas orientações de valor que a comunidade Luo tem em relação ao sexo, sem se preocupar com as consequências de contrair ou propagar o vírus do VIH e da SIDA.

Comunicação e perceção do risco de VIH entre os jovens no Quénia

Uma análise da situação da Comunicação sobre a Mudança de Comportamento (BCC) dos Jovens e do VIH e SIDA no Quénia e numerosos estudos, incluindo o KAIS (2007) e o KDHS (2008/2009), também revelam que, apesar da sensibilização generalizada para a SIDA, a proporção de adolescentes e jovens adultos quenianos que se envolvem em práticas sexuais de risco continua a ser elevada.

O risco, no contexto do VIH, é definido como a probabilidade de uma pessoa contrair o vírus VIH. Certos comportamentos podem criar, reforçar e perpetuar esses riscos (ONUSIDA, 1998). Esses comportamentos incluem: partilha de agulhas quando se injectam drogas, sexo casual desprotegido e múltiplos parceiros sexuais simultâneos a longo prazo com uma utilização baixa e inconsistente do preservativo (ONUSIDA

2007). Além disso, o risco também surge quando os indivíduos se envolvem em comportamentos de risco por uma variedade de outras razões que incluem a falta de informação exacta, a incapacidade de negociar sexo seguro, práticas culturais como a herança das viúvas, a poligamia, a mutilação genital feminina e o corte (MGF/C) e a indisponibilidade de preservativos, entre outras. Muitas mulheres quenianas podem sentir que mudar os hábitos sexuais do seu parceiro é algo que está para além do seu controlo e que negociar medidas de proteção, como o uso de preservativos, não é aceitável devido a normas de género estabelecidas (KDHS, 2003). Estes, entre outros factores, aumentam o risco de contrair o VIH.

O Kenya AIDS Update Report, NACC & NASCOP (2011) revela que mais de 80 por cento das transmissões do VIH no Quénia ocorrem através de contacto sexual não seguro. Isto pode explicar por que razão a prevalência e a incidência do VIH na província de Nyanza são elevadas, uma vez que o sexo está tão profundamente enraizado no quadro cultural que não pode ser entendido por si só. Para além dos aspectos sócio-culturais, o papel fundamental que as relações de poder e as desigualdades de género desempenham na influência do risco também tem sido objeto de investigação. Em todo o mundo, enquanto as mulheres, tanto jovens como idosas, correm cada vez mais o risco de contrair o VIH, elas também suportam o peso do estigma e da discriminação.

Em geral, na África Subsariana, embora muitas mulheres, particularmente as pobres, tanto jovens como idosas, possam estar conscientes das precauções necessárias para se protegerem contra o VIH e a SIDA, continuam a contrair o VIH e a SIDA a um ritmo alarmante e por várias razões. Entre essas razões está o ambiente socioeconómico que prevalece na maioria dos países da África Subsariana, que foi identificado como promotor de comportamentos sexuais de risco, particularmente entre as raparigas (Luke, 2003; Tyndale et al., 2002; Tyndale et al., 2005; Okonofua, 2000; Orobuloye et al,

1994). A falta de capacitação económica das mulheres relega-as para posições subordinadas, onde não lhes resta outra opção senão depender dos maridos ou de outros parceiros masculinos para obter apoio económico. Tendo sido assim relegadas, essas mulheres não têm capacidade de tomar precauções, particularmente quando se trata de negociar sexo seguro e, por isso, correm um risco muito elevado de contrair o vírus VIH.

Para além da falta de capacitação económica, o medo da violência doméstica e de outras formas de violência por parte dos maridos e parceiros íntimos, caso recusem o sexo, é outra razão pela qual algumas mulheres se envolvem em comportamentos sexuais de risco (ONUSIDA, 2004). No livro, *"AIDS and Men: Taking Risks or Taking Responsibility? (1999)"* de Martine Foreman, um marido queniano foi citado como tendo dito que uma mulher não tem liberdade de escolha. Dizia ainda que ele era o leão da casa e que a sua mulher não tinha o direito de dizer não ao sexo (p. 30). Este é o tipo de pessoa capaz de bater na mulher se ela se recusar a participar numa atividade sexual de risco com ele. Dada uma atitude como a que foi descrita acima, a mulher de um homem assim fica exposta ao risco de infeção, sobretudo se não puder abandonar a relação por falta de poder económico.

Um estudo realizado por Njogu e Castro (2006) sobre a *"Lacuna de perceção entre o conhecimento sobre o VIH e a SIDA e a perceção de risco entre os jovens quenianos"* revela que uma possível explicação para a falta de provas sólidas sobre a ligação entre o conhecimento relacionado com a SIDA e a redução do comportamento de risco é a perceção individual da infeção como uma ameaça remota (Venier et al., 1998). Uma vez que um indivíduo percebe que ser infetado é uma ameaça remota, então automaticamente ele/ela irá envolver-se num processamento tendencioso de qualquer mensagem ou informação sobre o VIH que seja consistente com o seu comportamento.

Njogu e Castro (2006) analisaram o risco percebido e real entre os jovens e chegaram à conclusão de que o risco percebido é, até certo ponto, socialmente construído porque, apesar do conhecimento generalizado sobre a SIDA, o risco pessoal tende a ser subestimado por várias razões. De acordo com a análise acima referida, a maioria dos jovens adultos que se envolvem em comportamentos sexuais de risco, tais como ter atividade sexual numa idade precoce, ter parceiros sexuais múltiplos ou casuais, trocar presentes ou dinheiro em troca de sexo ou não usar preservativo, consideram que não correm qualquer risco.

Um estudo de Tenkorang & Tyndale (2008) examinou os factores que influenciam o momento da primeira relação sexual entre os jovens da província de Nyanza. O estudo revelou que a aceitação de mitos locais, como o de que o VIH se transmite através de contactos sobrenaturais ou de contactos diários normais, conduz a relações sexuais mais precoces, com implicações para a transmissão do VIH, sobretudo se a prevenção exigir que os indivíduos se comportem de forma contrária aos costumes locais.

Uma variedade de outros factores foi identificada como motivando os jovens a envolverem-se em comportamentos sexuais que comportam algum risco de infeção pelo VIH. Esses factores incluem: a pressão dos pares e dos membros da comunidade para se envolverem em relações sexuais, juntamente com as consequências de não o fazerem, como alguns dos factores que motivam os jovens quenianos a envolverem-se em actividades sexuais precoces.

Por outro lado, os factores que podem motivar os jovens a adotar comportamentos de redução de risco, como a abstenção de atividade sexual ou a adoção do uso de preservativos, incluem a perceção da SIDA como grave e a compreensão do facto de que se corre o risco de contrair o VIH se se comportar de forma imprudente (Ajzen & Fishbein, 1980; Bandura, 1994; Catania et al., 2004; Rosenstock, 1974). Estudos realizados na África do Sul, por exemplo, mostraram que a perceção de que se está em risco ou que se conhece alguém que morreu de SIDA (evidenciando a sua gravidade), atrasou a primeira relação sexual entre os jovens (Anderson et al., 2007; Tenkorang et al., 2009).

O risco é por vezes definido como uma capacidade de controlo insuficiente (Brun, 1994). Verificou-se que a ilusão de controlo está relacionada com o otimismo irrealista. O otimismo irrealista é um otimismo geral sobre o resultado de um acontecimento (Weinstein, 1980) e existe tanto nos homens como nas mulheres e em todas as idades e níveis de escolaridade (Weinstein, 1987). As pessoas acreditam que têm mais controlo do que realmente têm e, por isso, quando estão em grupo, a grande maioria das pessoas considera que a probabilidade de um acontecimento negativo lhes acontecer é inferior à média.

Na década de 1970, um pequeno grupo de psicólogos cognitivos com experiência no estudo experimental da tomada de decisões investigou a forma como as pessoas reagem em relação aos riscos. Um dos contributos do estudo foram estudos experimentais de lotarias e outras formas de jogo. Quando as pessoas consideravam que o risco de ganhar a lotaria era maior se fossem elas próprias a escolher os números, isto é conhecido como ilusão de controlo (Langer, 1975).

Quadro teórico

Um quadro teórico é um conjunto de ideias inter-relacionadas baseadas em teorias (Kombo e Tromp (2006). É um conjunto fundamentado de proposições, que são derivadas e apoiadas por dados ou provas. Um quadro teórico explica os fenómenos, ao mesmo tempo que, com base em teorias, tenta esclarecer por que razão as coisas são como são. Um quadro teórico é um conjunto geral de hipóteses sobre a natureza dos fenómenos (Kombo & Tromp, 2006). Este estudo procura apoio teórico na teoria da perspetiva e no modelo de crenças de saúde para compreender por que razão os jovens se comportam da forma como o fazem no que respeita ao comportamento sexual seguro.

Utilizar a teoria da perspetiva para compreender a perceção do risco e a influência da comunicação na transmissão do VIH e da SIDA

De acordo com o artigo *"Health communication and care giving research policy and practice"*, Sparks (no prelo), nos últimos anos, os académicos da área da comunicação em saúde e os profissionais de saúde têm utilizado a teoria da prospeção, recorrendo ao enquadramento da mensagem para compreender a comunicação envolvida em decisões de risco.

De acordo com a teoria da perspetiva, também conhecida como teoria do enquadramento da mensagem, as mensagens sobre os benefícios da adoção de um determinado comportamento (mensagens enquadradas nos ganhos) são mais eficazes do que as "mensagens enquadradas nas perdas" (sobre as consequências negativas da não adoção de um determinado comportamento) (Benjamin, 2007). Esta teoria foi desenvolvida por dois psicólogos, Daniel Kahneman e Amos Tversky, e publicada na revista Econometrica em 1979. Kahneman e Tversky (1979) propuseram a teoria do prospeto como um modelo descritivo da tomada de decisões em situação de incerteza.

Han e Hsu (2004) salientam que "a teoria da perspetiva não é uma teoria normativa, mas uma abordagem descritiva para explicar o comportamento no mundo real". (p. 1) Segundo Han e Hsu (2004), o enquadramento das alternativas afecta as escolhas na teoria da perspetiva porque implica uma relação única entre a assunção de riscos e o enquadramento positivo e negativo, em que os problemas enquadrados negativamente diminuem a assunção de riscos e incentivam a procura de riscos. (p.6) Tversky e Kahneman (1984) realizaram uma experiência que ilustrou a forma como o enquadramento das mensagens afectava a tomada de decisões. Nesta experiência, foi feita a seguinte pergunta a uma amostra representativa de médicos:

Imagine que os Estados Unidos se preparam para o surto de uma doença asiática invulgar que deverá matar 600 pessoas. Foram propostos dois programas alternativos para combater a doença. Suponha que as estimativas científicas exactas das consequências dos programas são as seguintes: Se o programa A for adotado, serão salvas 200 pessoas. Se o programa B for adotado, há um terço de probabilidade de que 600 pessoas sejam salvas e dois terços de probabilidade de que nenhuma pessoa seja salva. Qual dos dois programas seria o seu preferido? (P. 6)

A primeira alternativa tem um enquadramento positivo e encara a situação em termos de vidas salvas. 72% dos médicos escolheram a alternativa "A", que consideraram ser uma estratégia segura e segura, enquanto apenas 28% escolheram a alternativa B, que era a estratégia arriscada. Um conjunto equivalente de médicos considerou o mesmo dilema, mas com a questão enquadrada negativamente:

Imagine que os Estados Unidos se preparam para o surto de uma doença asiática invulgar que deverá matar 600 pessoas. Foram propostos dois programas alternativos para combater a doença. Suponha que as estimativas científicas exactas das consequências dos programas são as seguintes: Se o programa C for adotado, morrerão 400 pessoas. Se o programa D for adotado, há um terço de probabilidade de não morrer ninguém e dois terços de probabilidade de morrerem 600 pessoas. Qual dos dois programas seria o seu preferido? (P. 6)

Estas duas perguntas examinam o mesmo problema. Duzentas de 600 pessoas salvas é o mesmo que 400 de 600 perdidas. No entanto, quando a questão é colocada de forma negativa, 22% dos médicos preferem uma estratégia conservadora e 72% optam por uma estratégia mais arriscada. O resultado da sua experiência é inegavelmente claro: o enquadramento das opções tem consequências importantes na tomada de decisões (Kahneman & Traversky, 1979). Esta experiência revelou que, embora a comunicação do risco seja um fator-chave para melhorar o comportamento de risco, essa comunicação pode nem sempre ser suficiente (Murrow, 2009).

A origem da comunicação do risco é compreender a forma como o risco é percepcionado e saber o que é necessário para que as pessoas se preocupem o suficiente para tomar medidas de mitigação (Morrow, 2009). O mesmo objeto pode ser visto de muitas perspectivas diferentes. Meio copo de água pode ser descrito como meio cheio ou meio vazio. Num contexto de decisão, diferentes perspectivas ou enquadramentos podem conduzir a escolhas diferentes. Este efeito de enquadramento bem conhecido ocorre porque os indivíduos tendem a ser mais avessos ao risco quando as alternativas são descritas num domínio positivo e a procurar mais o risco quando as alternativas são descritas num domínio negativo (Traversky & Kahneman, 1981).

A teoria do prospeto descreve as decisões entre alternativas que envolvem risco quando as probabilidades são conhecidas. Permite descrever a forma como as pessoas fazem escolhas em situações em que têm de decidir entre alternativas que envolvem risco. Isto implica que, se os decisores dispuserem de informações adequadas (comunicação) sobre o perigo em si (como o VIH), de informações correctas sobre o seu nível de exposição (por exemplo, se estão localizados numa zona de alto risco) e de estimativas da probabilidade de serem afectados nesse local, podem fazer estimativas razoáveis do risco pessoal.

Os estudiosos da comunicação em saúde, ao tentarem compreender como os indivíduos processam a informação, identificaram os factores que contribuem para uma mudança de comportamento adequada (Brown et al., 2006). Alguns destes estudiosos presumem que, se as pessoas receberem a informação correcta, adoptarão o comportamento recomendado. Outros, como Morrow (2009), discordam e são da opinião de que, se bastasse dar informação, duas pessoas com a mesma informação e o mesmo conjunto de circunstâncias tomariam decisões semelhantes relativamente a comportamentos de alto risco. Por conseguinte, para além de informação fiável, é importante fornecer às pessoas competências comportamentais para que os indivíduos sejam capazes de mudar para o comportamento desejado.

Breyer e Fuchs (1982), através de um estudo de investigação sobre "Atitudes de risco na saúde", examinaram os princípios que regem o comportamento de escolha quando as consequências ("pay off") não são monetárias mas envolvem uma dimensão diferente, como a saúde do decisor. O estudo, que tinha como objetivo descobrir se existia uma lei geral da tomada de decisões em situação de incerteza, revelou que a função que relaciona a utilidade com as mudanças na saúde se assemelha à função da utilidade do dinheiro. A partir dos resultados deste estudo, Breyer e Fuchs concluíram que as pessoas demonstram aversão ao risco em relação aos ganhos e procuram o risco em relação às perdas.

Melkote e Steeves (2001), no livro *"Communication for development in the third world"*, colocam a hipótese de que a comunicação desempenha um papel importante na prevenção do VIH e da SIDA, porque dissemina informação que pode evitar comportamentos de risco e sensibiliza para a redução do estigma social. Uma vez que a transmissão do VIH é significativamente afetada pelo comportamento de um indivíduo, as teorias de mudança de comportamento individual continuam a ser a âncora teórica para a maioria dos esforços preventivos (ONUSIDA, 1999).

Examinando algumas das campanhas sobre o VIH e a SIDA nos meios de comunicação social acessíveis aos jovens em Kisumu, podemos reconhecer que o comportamento de saúde visado é a proteção contra a doença. . Por isso, as mensagens utilizam quadros que apresentam a necessidade de abstinência e proteção. Um bom exemplo é a campanha "*Love bila regret- Trust Condom Campaign*" (amor sem arrependimento - campanha Trust), em que se diz ao público que a utilização de um preservativo resultará numa vida sem arrependimentos. No entanto, o tipo de arrependimento não é clarificado e é deixado ao critério do público concluir e fazer uma escolha adequada. Por outro lado, a campanha de abstinência "*Tume chill*" utiliza quadros que apresentam a necessidade de se abster de sexo. Por último, a campanha "*G-Pange*" (planeie a sua vida) é enquadrada positivamente e utiliza molduras que apelam aos jovens para agirem, assumindo o controlo das suas vidas, promovendo a ação pessoal e assumindo a responsabilidade total pelas suas vidas, quer como indivíduos quer como grupos.

Quadro concetual: Modelo de Crenças em Saúde

O modelo de crenças sobre a saúde (Health Belief Model - HBM) é um quadro concetual utilizado para compreender o comportamento em matéria de saúde e as possíveis razões para o não cumprimento das acções de saúde recomendadas (Becker & Rosen Stock, 1984). O HBM foi desenvolvido pela primeira vez nos Estados Unidos da América no início dos anos 50, depois de se ter tornado evidente que o continente tinha experimentado um "fracasso" generalizado em convencer as pessoas a aceitar comportamentos preventivos de doenças, incluindo testes de rastreio para deteção precoce de doenças assintomáticas, como a tuberculose (Rosenstock, 1974a). Parece haver uma ligação óbvia entre a experiência e o comportamento, uma vez que as experiências tendem a conduzir a maior parte das percepções de risco e dos resultados (Leventhal 1983).

Este modelo fornece um quadro para compreender o efeito da experiência na perceção e nos resultados. Aborda seis componentes principais para o cumprimento de qualquer ação de saúde recomendada, nomeadamente Barreiras percebidas das acções de saúde recomendadas, Benefícios percebidos da ação de saúde recomendada, suscetibilidade percebida da doença, gravidade percebida da doença, pistas para a ação e dados demográficos ou estruturas psicológicas.

De acordo com o Modelo de Crenças sobre a Saúde (Health Belief Model - HBM), é mais provável que as pessoas alterem o seu comportamento em relação à saúde quando consideram que a doença é grave e é menos provável que adoptem um comportamento saudável se acreditarem que a doença não é grave (Maddux & Rogers, 1998).

Severtson (2006), postula que a informação experimental é mais significativa para mudar o comportamento do que a informação abstrata. Estudos demonstraram que um dos factores que influenciam a adoção ou não de um comportamento seguro para se protegerem da infeção pelo VIH é "o facto de terem ou não experimentado um efeito pessoal na saúde" (Lichtenberg et al, 1999). De acordo com Williamson (2003), a maior parte do conhecimento nas nossas vidas provém de experiências pessoais e relevantes e não de exercícios intelectuais.

Os investigadores da comunicação recomendam a aplicação da teoria comportamental para compreender os processos psicológicos que explicam a relação entre a experiência e o comportamento (Severtson, 2006). Esta teoria é, portanto, aplicável a este estudo, uma vez que explica algumas das razões para o não cumprimento de uma ação de saúde recomendada, neste caso, o envolvimento dos jovens em comportamentos sexuais potencialmente arriscados. O comportamento é visto como uma função do valor subjetivo (desejo de evitar a doença) e como um resultado da probabilidade ou expetativa subjectiva (ação correctiva ou preventiva para evitar a doença). Este modelo pressupõe que os indivíduos tomam medidas preventivas (comportamento de redução do risco) quando: acreditam que são susceptíveis a uma doença (auto-perceção do risco) e que as consequências serão graves. O Modelo de Crenças sobre a Saúde mostra claramente que as pessoas tomam medidas preventivas quando acreditam que essas medidas serão benéficas, na medida em que reduzirão a ameaça de contrair a doença.

Este estudo utilizou o HBM para estabelecer a perceção do risco de VIH e SIDA dos jovens do distrito de Kisumu Leste e descobriu as suas percepções sobre a suscetibilidade e a gravidade da doença. O estudo também examinou os factores que inibem os indivíduos de adotar um comportamento seguro.

Quadro concetual do HBM e da Teoria do Prospeto

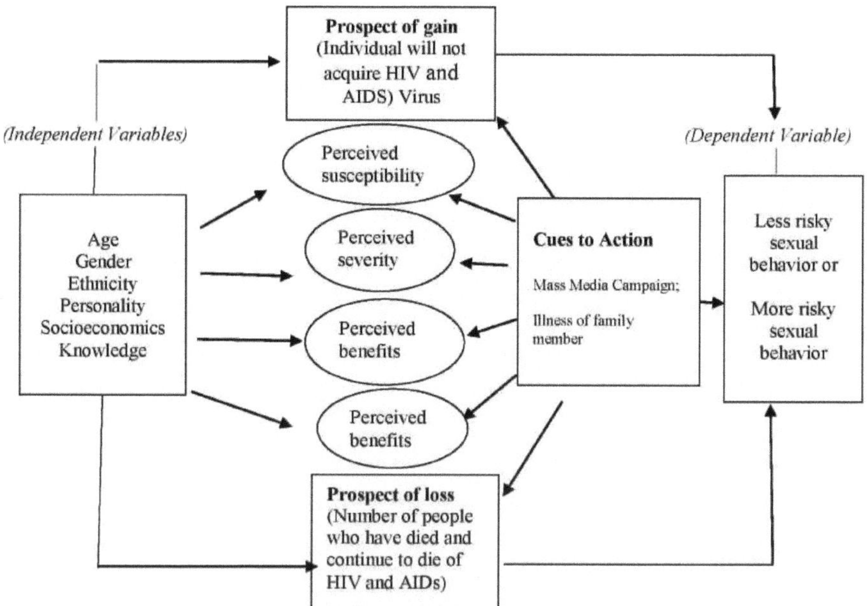

Fonte: Modelo de Crenças sobre a Saúde (Rosenstock 1966, revisto por Becker et al)

Este modelo também pressupõe que o benefício percebido seria suficiente para superar as barreiras percebidas, tais como o custo ou o inconveniente de realizar a ação (por exemplo, usar um preservativo) e o estímulo percebido, quer interno, como a dor, quer externo, como campanhas nos meios de comunicação social, artigos de jornal ou envolvimento pessoal, que servem de estímulo para a ação (Rosenstock et al., 1994; UNAIDS, 1999). O HBM sugere que o comportamento é também influenciado por uma chamada de atenção para a ação. Tais lembretes podem ser eventos, pessoas ou coisas que levam as pessoas a mudar o seu comportamento. Os exemplos incluem a doença de um membro da família, conselhos de outras pessoas ou notícias dos media (Graham, 2002). Este estudo utilizou estas variáveis para determinar as fontes de informação sobre o VIH e a SIDA acessíveis aos jovens na área de estudo e ajudou a explicar por que razão os jovens se comportam da forma como o fazem. Também descobriu como esta informação, enquanto estímulo à ação, influenciou a perceção do risco de VIH e SIDA e os factores pessoais que afectam a adoção de comportamentos.

Relação entre a Teoria do Prospeto e a Saúde

Modelo de crença

Estas duas teorias andam de mãos dadas, uma vez que ambas explicam a forma como os indivíduos tomam decisões. A perceção do comportamento de risco e as perspectivas de ganho e perda são comuns a ambas as teorias, uma vez que determinam se um indivíduo adopta ou não um comportamento menos arriscado. No entanto, as teorias diferem no seu âmbito de aplicação, uma vez que o modelo HBM provém da investigação sobre a prevenção de doenças, enquanto a teoria da perspetiva surgiu da investigação sobre o processo de tomada de decisões no contexto do risco.

De acordo com o HBM, é mais provável que as pessoas alterem o seu comportamento de saúde quando consideram que a doença é grave e é menos provável que adoptem um comportamento saudável se acreditarem que a doença não é grave (Maddux & Rogers, 1998). O HBM explica o comportamento de saúde a partir de uma perspetiva sócio-psicológica, utilizando as teorias da expetativa de valor e da tomada de decisão (Becker, 1974; Kronenfeld & Glik, 1991; Maiman & Becker, 1974). O modelo centra-se nas dimensões que influenciam o controlo de um indivíduo sobre uma ação específica. Estas dimensões (ou variáveis) são depois utilizadas para prever o comportamento. Os seis construtos originais do modelo incluem a suscetibilidade percebida, a gravidade percebida, os benefícios percebidos, as barreiras percebidas, as pistas para a ação e os dados demográficos ou estruturas psicológicas.

A Teoria do Prospeto, por outro lado, postula que quando uma comunicação relativa ao comportamento enfatiza a perspetiva de ganho, como resultado da realização ou não realização de uma determinada ação, os indivíduos tendem a rejeitar o comportamento de risco, mas quando a tentativa de reduzir as perdas é destacada, os indivíduos tendem a preferir o comportamento de risco (Kahneman & Traversky, 1979). A perceção do benefício e da ameaça, do ganho e da perda, e da certeza e do risco de realizar ou não uma determinada ação, são fundamentais para a tomada de decisões e a Teoria do Prospeto incorpora o aspeto da perceção individual do risco na nossa compreensão de como as pessoas tomam decisões.

As pessoas nem sempre são puramente racionais no desenvolvimento das suas preferências. As preferências são condicionadas por factores mediadores, como a perceção ou a avaliação de uma perspetiva por parte de um indivíduo, que está sujeita a muitos enviesamentos, como os processos heurísticos (ou seja, regras intuitivas e subjectivas) através dos quais uma pessoa avalia a informação relativa a uma perspetiva, o contexto em que a perspetiva surge e a forma como a perspetiva é suscitada (Tversky e Kahneman, 1992). Algumas pessoas, por exemplo, agarram-se fortemente a crenças de longa data quando são desafiadas com informações que contradizem essas crenças. Essas pessoas processarão a informação de forma diferente e chegarão a uma perceção diferente do risco de uma perspetiva do que aquelas que são rápidas a ajustar as suas crenças.

No que respeita ao contexto, a perceção que uma pessoa tem do seu risco pessoal ao ser exposta a uma mensagem depende da sua experiência de vida com o conteúdo da mensagem. Por exemplo, uma pessoa que tenha tido uma experiência pessoal com o VIH e a SIDA, quando exposta a uma mensagem sobre a relação entre o VIH e o comportamento sexual seguro, processará a perspetiva de forma diferente de uma pessoa que não tenha essa experiência. No que diz respeito à forma como uma perspetiva é suscitada, a perceção que uma pessoa tem da mensagem pode ser influenciada pela forma e pelo momento em que recebe a mensagem. Por exemplo, receber a mensagem de um médico durante um teste de VIH afectará obviamente o julgamento de uma pessoa de forma diferente da exposição à mesma mensagem numa viagem de autocarro para casa depois do trabalho.

As teorias de enquadramento da mensagem prevêem que, quando um procedimento é considerado arriscado (por exemplo, os testes de despistagem do VIH podem fazer com que um doente descubra que tem VIH), as mensagens com enquadramento de perda promoverão mais fortemente a despistagem do que as mensagens com enquadramento de ganho. Isto porque as pessoas preferem perspectivas arriscadas a perspectivas seguras no domínio das perdas. Por outro lado, quando um procedimento é considerado seguro (por exemplo, a utilização de um preservativo previne o VIH), prevê-se que as mensagens enquadradas nos ganhos sejam mais eficazes porque as pessoas preferem perspectivas seguras a perspectivas arriscadas no domínio dos ganhos. (Apanovitch, McCarthy &Salovey, 2003; Moxey, O'Connell, McGettigan, et al., 2003; Rivers, Salovey, Pizzaro, et al., 2005; Finney &Iannotti, 2002).

De acordo com a HBM, os indivíduos pesam os benefícios e os custos num esforço para decidir se devem ou não adotar um comportamento relacionado com a saúde. Neste processo, a suscetibilidade percebida e a gravidade percebida devem ser elevadas para que o indivíduo considere a possibilidade de mudar o seu comportamento (Dutta-Bergman, 2005). Para que um novo comportamento seja adotado, tanto a suscetibilidade como a gravidade têm de ser elevadas, mas não mais elevadas do que a eficácia percebida (Silk et al., 2006).

Resumo

Este capítulo analisa a literatura relacionada com o estudo em dois subtítulos, nomeadamente: Comunicação e VIH e SIDA e Comunicação e perceção do risco de VIH entre os jovens no Quénia. No mesmo capítulo, foi elaborado um Quadro Teórico. Este quadro é explicado em dois subtítulos: A utilização da teoria da perspetiva para compreender a perceção do risco e a influência da comunicação na transmissão do VIH e da SIDA. O capítulo seguinte descreve os métodos e procedimentos utilizados para a recolha e análise de dados.

CAPÍTULO 3
METODOLOGIA
Introdução

Este estudo teve como objetivo descobrir as percepções dos jovens sobre o tema do VIH e da SIDA. A investigação demonstrou que a ausência de intervenções eficazes conduziu ao aumento contínuo do VIH entre os jovens (NACC, 2008). O modelo de comportamento de saúde e a Teoria do Prospeto foram utilizados no estudo para explorar as decisões tomadas ou o comportamento escolhido que afecta o estado de saúde. O estudo adoptou uma abordagem descritiva e utilizou dados quantitativos e qualitativos.

Conceção da investigação

Esta secção descreve a conceção e a metodologia da investigação em termos de população, amostragem e administração dos instrumentos de investigação, procedimentos de recolha de dados e descrição da técnica utilizada na análise dos dados. Mugenda e Mugenda (1999), observam que a investigação qualitativa é fundamental quando se trata de transferência de informação:

"Devido à tendência das comunidades africanas para transmitir a informação oralmente, existe um forte argumento de que a abordagem de Investigação e Avaliação mais adequada em África é a abordagem qualitativa, porque enfatiza a comunicação oral e dá aos inquiridos a oportunidade de exporem os seus problemas da forma como os entendem e de participarem na procura de soluções para esses problemas, bem como na concretização dessas soluções" (p 202).

O estudo adoptou uma abordagem descritiva e recolheu dados quantitativos e qualitativos que procuraram definir e descrever informações e características da população objeto do estudo. Os dados quantitativos definiram a relação entre as percepções de risco (a variável independente) e a forma como a comunicação da informação sobre o VIH e a SIDA moldou essas percepções (variável dependente). Os dados foram recolhidos através de um questionário estruturado auto-administrado, uma vez que permitia um maior anonimato ao inquirido.

De acordo com Mugenda e Mugenda (1999), os fenómenos humanos que não podem ser investigados por observação direta, como as percepções e outras emoções humanas, são mais bem estudados utilizando o método qualitativo. Neste estudo, os dados qualitativos descrevem uma imagem detalhada das razões pelas quais os jovens agem de determinadas formas e dos seus sentimentos em relação a essas acções. Estes dados foram recolhidos através de perguntas abertas do questionário que foi fornecido aos participantes na investigação. Para atingir os objectivos da investigação, a conceção do estudo baseou-se numa abordagem de investigação descritiva. O estudo recolheu estatísticas descritivas sobre as fontes de informação sobre o VIH e a SIDA e sobre a forma como esta informação moldou a perceção do risco, para descobrir padrões que surgiram durante a análise. O método de inquérito para a recolha de dados primários foi utilizado durante o estudo por ser mais barato e permitir a recolha de dados semelhantes em unidades populacionais existentes.

População-alvo

Mugenda e Mugenda (2003) definem população como o conjunto de indivíduos com características observáveis comuns. Neste caso, a população do estudo era constituída por 14 140 jovens escolarizados (Censos, 2009) com idades compreendidas entre os 15 e os 19 anos.

Quadro de amostragem

A base de amostragem foi retirada de uma lista de escolas secundárias do distrito de Kisumu. Esta lista foi obtida junto da Direção do Ensino Secundário e Terciário do Ministério da Educação. Foi utilizado o método de amostragem aleatória simples para identificar as instituições a visitar, uma vez que este método dava a cada instituição uma oportunidade igual de ser selecionada. Cada uma destas instituições foi visitada e foram obtidas informações dos alunos através de um questionário. O estudo pediu autorização ao diretor da escola para distribuir os questionários às turmas identificadas, numa altura adequada à escola. Com a ajuda de um assistente de investigação, os alunos identificados deram o seu consentimento, receberam os questionários e foram convidados a preenchê-los.

Tamanho da amostra

De acordo com Salant e Dillman (1994), a dimensão da amostra é determinada pela quantidade de erro de amostragem que pode ser tolerada; pela dimensão da população; pela variedade da população no que respeita às características de interesse; e pelo subgrupo mais pequeno da amostra para o qual são necessárias estimativas. A estimativa da dimensão da amostra na investigação utilizando Krejcie e Morgan é um método comummente utilizado. Krejcie e Morgan (1970) utilizaram a fórmula S = X2NP (1-P)/ d2 (N-1) + X2P (1-P) para determinar a dimensão da amostra. Com base nesta fórmula, foi elaborada uma tabela para determinar a dimensão da amostra. De acordo com esta fórmula;

S = dimensão da amostra necessária

X2 = o valor de tabela do qui-quadrado para um grau de liberdade ao nível de confiança desejado

N = o tamanho da população

P = a proporção da população (assumida como 0,50, uma vez que esta seria a dimensão máxima da amostra)

d = o grau de exatidão expresso como uma proporção (.05).

3. 1: Tabela para determinar a dimensão da amostra de uma dada população

N	S	N	S	N	S	N	S	N	S
10	10	100	80	280	162	800	260	2800	338
15	14	110	86	290	165	850	265	3000	341
20	19	120	92	300	169	900	269	3500	246
25	24	130	97	320	175	950	274	4000	351
30	28	140	103	340	181	1000	278	4500	351
35	32	150	108	360	186	1100	285	5000	357
40	36	160	113	380	181	1200	291	6000	361
45	40	180	118	400	196	1300	297	7000	364
50	44	190	123	420	201	1400	302	8000	367
55	48	200	127	440	205	1500	306	9000	368
60	52	210	132	460	210	1600	310	10000	373

65	56	220	136	480	214	1700	313	15000	375
70	59	230	140	500	217	1800	317	20000	377
75	63	240	144	550	225	1900	320	30000	379
80	66	250	148	600	234	2000	322	40000	380
85	70	260	152	650	242	2200	327	50000	381
90	73	270	155	700	248	2400	331	75000	382
95	76	270	159	750	256	2600	335	100000	384

Nota: "N" é a dimensão da população e "S" é a dimensão da amostra.

Utilizando a tabela 3.1, com uma população de 14.140 pessoas, a estimativa do tamanho representativo dos jovens neste estudo é de 375.

Técnica de amostragem

Quadro 3.2 Técnica de amostragem

Categorias	N.º de escolas	Dimensão da amostra (escolas) 10%	N° total de alunos 14,140				Tamanho da amostra 375 (quando N= 15,000)			
			Formulário 1	Formulário 2	Formulário 3	Formulário 4	Formulário 12	ário	Formulário 3	Formulário 4
Secundário Escola	45	5								
Escola só para rapazes	4	4/45*375= 33.3/4=8.325	2,44² 611	657	617	557	8	8	8	8
Escola só para raparigas	5	5/45*375= 41.6/4= 10.4	2,20² 593	617	519	471	10	10	10	10
Escola mista	36	36/45*375 = 300/4=757	9,98 3,056	2,540	2,222	1,663	75	75	75	75

Foi utilizada uma amostragem estratificada para selecionar as escolas que foram incluídas no estudo. Foi utilizada uma amostragem aleatória estratificada desproporcionada para calcular a dimensão da amostra em cada escola. A base de amostragem foi dividida em três categorias. São elas: escolas só de rapazes, escolas só de raparigas e escolas mistas. Estas categorias foram depois divididas em quatro classes. São elas: Forma 1, 2, 3 e 4. Em seguida, foi selecionada aleatoriamente uma amostra das quatro turmas de cada escola.

Nas escolas com mais de um fluxo por turma, foi utilizada uma amostragem aleatória simples para identificar o fluxo a partir do qual os alunos foram seleccionados para a entrevista. Uma vez identificada a turma ou o fluxo, os alunos foram seleccionados aleatoriamente para dar a cada aluno uma oportunidade igual de ser selecionado. Foi atribuído a cada aluno um número único, que foi colocado numa tigela e bem misturado. Em seguida, o investigador cego retirou da tigela etiquetas numeradas. Todos os indivíduos com os números escolhidos pelo investigador foram identificados como sujeitos do estudo.

Recolha de dados

Foram recolhidos dados primários para este estudo. O principal método de obtenção de dados foi um questionário estruturado auto-administrado desenvolvido e administrado pelo investigador.

Pré-teste do questionário

Quando um questionário é utilizado como instrumento de recolha de dados, é necessário determinar se as perguntas e as instruções são claras para os sujeitos e se estes compreendem o que lhes é pedido. O questionário foi testado antes do início da recolha de dados para descobrir e corrigir eventuais deficiências. Este teste-piloto foi efectuado no distrito de Kakamega entre os alunos da Escola Secundária de Kakamega com idades compreendidas entre os 15 e os 19 anos.

Considerações éticas

Para reconhecer e proteger os sujeitos, é necessária diligência, honestidade e integridade. Para tornar o estudo ético, foi respeitado o direito à autodeterminação, ao anonimato, à confidencialidade e ao consentimento informado. A autorização escrita para a realização do estudo foi obtida junto da Daystar University, enquanto a autorização verbal foi obtida junto dos directores das várias escolas visitadas. O consentimento dos sujeitos foi obtido antes de preencherem o questionário.

Análise de dados

Os dados foram analisados com recurso ao software SPSS. O tratamento estatístico dos dados incluiu a análise descritiva e a distribuição de frequências. Foram também utilizados testes de qui-quadrado para determinar se existiam relações significativas entre as diferentes variáveis do estudo. Os dados foram depois apresentados através de tabelas, gráficos e diagramas de pizza.

CAPÍTULO 4

RESULTADOS DA INVESTIGAÇÃO, ANÁLISE E INTERPRETAÇÃO

Introdução

Este capítulo apresenta os resultados da investigação, bem como a sua análise e interpretação. No total, foram administrados 375 questionários a jovens de idades compreendidas entre os 15 e os 19 anos no distrito de Kisumu Leste. Dos 375 questionários distribuídos, foram utilizados 345 questionários para a análise do presente estudo. Dada a taxa de resposta de 91,7%, a informação recolhida foi adequada para a análise dos dados (Miller 1991). Trinta e um questionários foram classificados como não preenchidos, por não estarem completamente preenchidos ou por terem sido preenchidos por inquiridos com idade inferior ou superior à exigida de 15-19 anos. Os dados recolhidos foram analisados com recurso ao software SPSS e a informação é apresentada sob a forma de gráficos e tabelas de frequência.

Características sócio-demográficas da amostra

O estudo teve como alvo os jovens em idade escolar, com idades compreendidas entre os 15 e os 19 anos, no distrito leste de Kisumu. Participaram no estudo cinco escolas. Das cinco, três eram escolas mistas, uma era uma escola só para raparigas e a outra só para rapazes. No caso das escolas mistas, o estudo procurou dar a ambos os géneros a mesma oportunidade de participarem no estudo. A Tabela 4.1 apresenta uma tabulação cruzada das escolas representadas no estudo, do género e do número de inquiridos que participaram no estudo.

Quadro 4.1 Escolas, género e inquiridos

Nome da escola	Género		Total
	Masculino	Feminino	
Xaveriana mista	46	42	88
Rapazes de Kisumu	29	0	29
ST. Meninas de Teresa	0	37	37
Joel Omino Misto	53	54	107
Mayenya Misto	43	40	83
Totais	171	173	344

O quadro 4.2 descreve as características dos inquiridos em análise.

A maioria dos inquiridos tinha entre 16 e 18 anos, que é a idade ideal para os jovens frequentarem o ensino secundário. Os resultados do estudo indicam que foi obtida muito pouca informação dos inquiridos com 19 anos de idade, uma vez que se presume que a maioria dos jovens nesta faixa etária já terminou o ensino secundário.

Tabela 4. 2 Estatísticas da idade

Idade em anos	
N	344
Média	16.91
Mediana	17
Modo	18
Desvio Std. Desvio	1.135
Gama	4

A idade média dos inquiridos é de 16,91 anos, enquanto a mediana e a moda são de 17 e 18 anos, respetivamente. O desvio padrão é de 1,135, com um intervalo de 4 anos. A partir dos dados representados na tabela 4.3, é evidente que a maioria dos inquiridos tinha 18 anos de idade, sendo a idade média dos inquiridos de 16 anos.

Conhecimento e sensibilização para o VIH e a SIDA

A Tabela 4.4 apresenta as respostas sobre o conhecimento e a sensibilização dos estudantes para o VIH e a SIDA.

Tabela 4. 3 Conhecimento Consciência do VIH

Questão Indicar, respondendo Sim ou Não, os seguintes modos de transmissão do VIH	Sim %	Não %	Não sei %	Total
Partilha de agulhas	91.2	7.6	1.2	100
Sangue não rastreado	97.1	2.3	0.6	100
Sexo anal desprotegido	78.2	7.8	14	100
Beijar/Tocar	3.5	94.4	2.1	100
Picada de mosquito	3.8	94.1	2.1	100
Sexo vaginal desprotegido	95.6	2.1	2.3	100
Espirrar/tossir	2.6	93.3	4.1	100
Beber ou comer em conjunto	3.5	93.3	3.2	100
Trabalhar na mesma sala	0	100	0	100
Sexo sem proteção com uma pessoa de aspeto saudável	52.8	24.8	22.4	100

Mãe grávida para o bebé por nascer | 49.6 | 43 | 7.4 | 100

A Tabela 4.3 demonstra que cem por cento dos estudantes estavam conscientes de que trabalhar na mesma sala com uma pessoa infetada não pode levar à infeção pelo VIH. A tabela também revela que alguns dos inquiridos não tinham conhecimentos correctos sobre o VIH e a SIDA, com 7,8% e 24,8%, respetivamente, a não saberem que o VIH pode ser transmitido através de sexo anal desprotegido e de sexo desprotegido com uma pessoa de aspeto saudável. Também foi observado que um grande número de inquiridos (43%) tinha conhecimentos incorrectos sobre se uma mãe pode infetar um feto com o VIH.

A tabela mostra ainda que há uma percentagem de inquiridos que têm percepções incorrectas. Por exemplo, 22,4% dos inquiridos não sabiam que o sexo sem proteção com uma pessoa de boa aparência pode levar à infeção pelo VIH. Isto pode, por sua vez, influenciar as percepções de risco, aumentando assim as hipóteses de os jovens se envolverem em sexo anal desprotegido ou terem sexo desprotegido com uma pessoa de aspeto saudável, com a perceção de que correm pouco risco ou nenhum risco.

Conhecimentos sobre a SIDA

A Tabela 4.5 mede os conhecimentos dos inquiridos sobre a SIDA, testando os seus conhecimentos através de três perguntas habitualmente utilizadas como uma medida composta de conhecimentos sobre a SIDA. O conhecimento sobre o VIH e a SIDA é definido como saber que uma pessoa de aparência saudável pode ter o vírus da SIDA e saber que a SIDA não pode ser transmitida por picadas de mosquito ou pela partilha de alimentos com uma pessoa que tem SIDA (KDHS 2008/09).

Quadro 4.4 Conhecimentos sobre a SIDA

		Ter relações sexuais sem proteção com alguém que parece saudável pode levar à infeção pelo VIH		Uma picada de mosquito pode levar à infeção pelo VIH		Utilizar o mesmo copo ou comer em conjunto à mesma mesa como um O seropositivo pode conduzem a H	Infeção por VIH
		Não	Sim	Sim	Não	Sim	Não
Idade em	15	41.90%	58.10%	2.30%	97.70%	4.70%	95.30%
anos	16	46.00%	54.00%	3.40%	96.60%	3.40%	96.60%

		17	55.30%	44.70%	4.30%	95.70%	0.00%	100.00%
		18	45.90%	54.10%	2.00%	98.00%	4.10%	95.90%
		19	54.50%	45.50%	9.10%	90.90%	4.50%	95.50%
Género	Masculino		46.80%	53.20%	2.90%	97.10%	4.70%	95.30%
	Feminino		50.30%	49.70%	4.00%	96.00%	1.20%	98.80%
Nome de	Xaveriana mista		54.50%	45.50%	1.10%	98.90%	0.00%	100.00%
escola	Rapazes de Kisumu		34.50%	65.50%	6.90%	93.10%	0.00%	100.00%
	ST. Meninas de Teresa		48.60%	51.40%	8.10%	91.90%	2.70%	97.30%
	Joel Omino Misto		48.60%	51.40%	3.70%	96.30%	6.50%	93.50%
	Mayenya Misto		47.00%	53.00%	2.40%	97.60%	2.40%	97.60%

Os resultados da Tabela 4.4 mostram que alguns dos estudantes não têm conhecimentos correctos sobre o VIH e a SIDA em todas as idades. Uma análise mais aprofundada dos conhecimentos entre os dois géneros mostra que ambos os géneros têm poucos conhecimentos sobre se ter relações sexuais desprotegidas com uma pessoa de aspeto saudável pode conduzir a uma infeção pelo VIH, com 46,8% dos homens e 50,3% das mulheres a afirmarem que ter relações sexuais desprotegidas com uma pessoa de aspeto saudável não pode conduzir a uma infeção pelo VIH.

Os resultados confirmam ainda que poucos inquiridos de todas as idades e sexos tinham percepções incorrectas quando lhes foi perguntado se uma picada de mosquito ou a partilha de alimentos com uma pessoa que tem SIDA pode levar a uma infeção por VIH. A falta de conhecimentos inadequados sobre o VIH pode levar a uma perceção reduzida do risco de contrair infecções pelo VIH entre os jovens. Isto pode aumentar a indulgência dos jovens em comportamentos sexuais de risco, com a ideia de que ter relações sexuais desprotegidas com uma pessoa de aspeto saudável não pode conduzir a uma infeção por VIH.

A Figura 4.1 representa as conclusões dos inquiridos sobre as percepções individuais do risco de contrair o VIH.

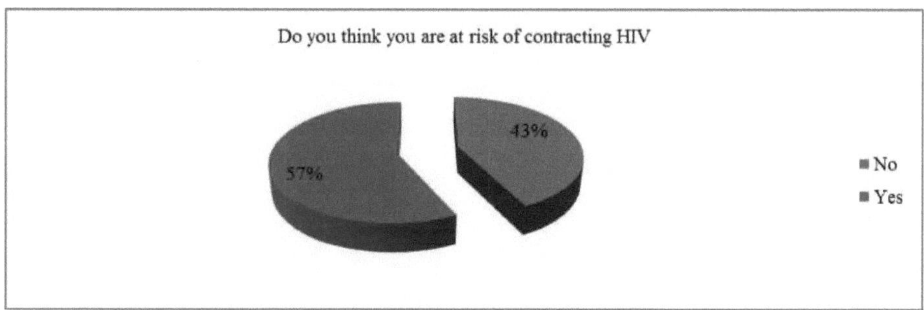

Figura 4. 1 *Perceção do risco individual*

A Figura 4.1 mostra que a maioria dos inquiridos (57%) se considera em risco de contrair o VIH, enquanto 43% dos inquiridos consideram que não correm o risco de contrair o VIH. Estes resultados indicam que um número relativamente grande de estudantes (57%) considera que corre o risco de contrair o VIH e a SIDA e que, por isso, pode abster-se de ter comportamentos sexuais de risco. No entanto, uma percentagem bastante grande (43%) também achava que não estava em risco. As razões para esta perceção são apresentadas nas tabelas 4.6 e 4.7.

A Tabela 4.5 e a Tabela 4.6 representam as respostas daqueles a quem foi pedido, como indivíduos, que dessem razões para as percepções que têm sobre o seu risco de contrair o VIH e a SIDA. A Tabela 4.6 apresenta as razões dadas pelos inquiridos que sentiam que corriam o risco de contrair o VIH. A tabela mostra que os acidentes, as relações sexuais sem proteção, a violação, a segurança do sangue e a pressão dos pares estão entre as razões mais comuns que levaram os inquiridos a considerarem-se em risco.

Quadro 4. 5: Razão da perceção individual ou do risco

Razões para os alunos considerarem que estão em risco de contrair o VIH e a SIDA

Os acidentes podem levar à mistura de sangue	100%
Sexo sem proteção	97.30%
Falta de conhecimentos globais	42.10%
Em casos de violação	100%
Sangue contaminado	100%
A pressão dos pares pode levar a ter relações sexuais desprotegidas	100%

A tabela também revela que 42,1% dos inquiridos identificaram a falta de conhecimentos abrangentes como uma razão para se considerarem em risco de contrair o VIH. Embora os estudantes tenham percepções de risco acrescido de contrair o VIH e a SIDA, a falta de conhecimentos abrangentes sobre o VIH agrava a probabilidade de os estudantes identificarem corretamente e fazerem escolhas informadas no que diz respeito a comportamentos sexuais de risco. Isto implica, portanto, a necessidade de fornecer mais informação aos estudantes.

A Tabela 4.6 revela que, dos inquiridos que não se consideravam em risco de contrair o VIH, 100% mencionaram a utilização do preservativo como razão para a sua resposta, enquanto 96,90% e 90,90% identificaram a abstinência e a fidelidade, respetivamente, como razões para a sua perceção do risco.

Quadro 4. 6: Razão pela qual os indivíduos se consideram não estar em risco

Razões para a perceção individual de não estar em risco	
Abstinência	96.90%
Ser fiel	90.90%
Ter um conhecimento abrangente	57.90%
Utilização de preservativos	100%

Cerca de sessenta por cento (57,90%) acreditam que têm conhecimentos abrangentes sobre o VIH e a SIDA e, por isso, não estão em risco. É provável que os estudantes com conhecimentos abrangentes sobre o VIH e a SIDA se considerem em risco de contrair o VIH e, por essa razão, é mais provável que tomem medidas preventivas para reduzir a ameaça de contrair o vírus.

A Tabela 4.7 abaixo mostra as respostas quando lhes foi pedido que medissem o seu nível de risco de contrair o VIH. O nível de risco foi categorizado em cinco níveis: baixo risco, médio risco, alto risco e não corre qualquer risco, conforme apresentado na tabela abaixo.

Quadro 4. 7: Perceção do risco de contrair o VIH

Nível de risco	Frequência	Percentagem
Não está de todo em risco	55	16.0
Risco médio	56	16.3
Risco elevado	91	26.5
Não sei	55	16.0
Total	344	100.0

Os resultados da tabela 4.7 mostram que uma maioria relativa dos inquiridos, 26,5%, se considera em alto risco de contrair o VIH, enquanto 16,3% se considera em risco médio. Por outro lado, uma minoria de 16,0% dos inquiridos considera que não corre qualquer risco, enquanto 16,0% não conhecem o seu nível de risco. Por último, 25,3% consideram que correm um risco baixo. Embora a maioria dos inquiridos se considere em grande risco de contrair o VIH e a SIDA, uma grande parte dos inquiridos não se considera em risco e é menos provável que pratique um comportamento sexual seguro. Isto torna-os susceptíveis ao VIH e à SIDA.

A Figura 4.2 apresenta as respostas dos participantes sobre a sua atitude em relação à gravidade do VIH e da SIDA no Distrito Leste de Kisumu. A análise das suas respostas é destacada abaixo

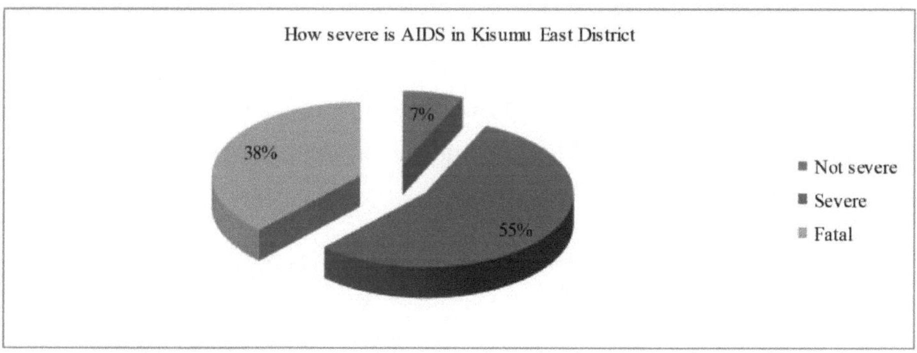

Figura 4. 2: *Gravidade da SIDA no distrito de Kisumu*

De acordo com a figura 4.6, a maioria dos inquiridos (55%) considera que o VIH é grave em Kisumu, 38% considera que é fatal e apenas 7% considera que não é grave. A maioria dos inquiridos considera que a gravidade do VIH no distrito de Kisumu Leste é terrível e mortal, enquanto uma pequena proporção considera que não é grave, pelo que a maioria dos inquiridos tem maior probabilidade de evitar comportamentos de risco que os possam expor à infeção pelo VIH.

Quando os inquiridos foram questionados sobre os métodos que utilizam para reduzir o risco de contrair o VIH, responderam como se mostra na figura 4.3 abaixo.

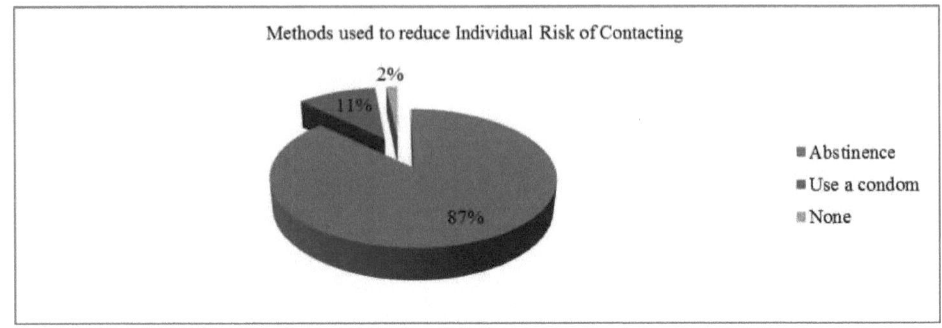

Figura 4. 3: *Métodos utilizados para reduzir o risco de contrair o VIH*

De acordo com a figura 4.3, a maioria dos inquiridos (87%) absteve-se de ter relações sexuais como forma de reduzir o risco individual de contrair o VIH. Cerca de dez por cento (11%) usaram um preservativo, enquanto 2% dos inquiridos não fizeram nada para reduzir o risco de contrair o VIH. Embora um grande número de inquiridos tenha recorrido à abstinência sexual e à utilização de um preservativo para reduzir o risco individual de contrair o VIH, alguns não tomaram quaisquer precauções e podem, portanto, estar expostos ao vírus VIH.

A Tabela 4.8 mostra uma análise dos resultados dos inquiridos sobre os métodos utilizados para reduzir o risco de ser infetado pelo VIH e SIDA por idade, sexo e escola. A tabela revela que mais mulheres (92,6%) dos inquiridos se abstêm, em comparação com 82,1% dos inquiridos do sexo masculino, como método para reduzir a infeção pelo VIH. Os resultados mostram ainda que mais inquiridos do sexo masculino (16%), em contraste com 6,2% das inquiridas do sexo feminino, usam o preservativo como forma de reduzir a infeção pelo VIH. Um pequeno número de inquiridos, 1,9% dos homens e 1,2% das mulheres, respetivamente, não fez nada para reduzir o risco de ser infetado pelo VIH.

Tabela 4. 8: Métodos utilizados para reduzir o risco individual

Métodos que utiliza para reduzir o risco de ser infetado pelo VIH e pela SIDA?

	Abstinência	Utilizar preservativo	umNenhum	Total
15	90.2%	9.8%	.0%	100.0%
16	94.0%	4.8%	1.2%	100.0%

Idade em	anos17	90.9%	8.0%	1.1%	100.0%
18		79.1%	17.6%	3.3%	100.0%
19		75.0%	25.0%	.0%	100.0%
Masculino		82.1%	16.0%	1.9%	100.0%
Género		92.6%	6.2%	1.2%	100.0%
Feminino					

A análise por idade também mostra que os inquiridos mais velhos têm mais probabilidades de usar um preservativo para reduzir o risco de contrair o VIH. Outra observação da tabela acima é que a abstinência diminui com a idade. Daqui se conclui que os jovens se tornam sexualmente activos com a idade.

Mensagens sobre o VIH e a SIDA

A Figura 4.5 representa as respostas dos participantes quando lhes foi perguntado se tinham visto ou ouvido alguma mensagem sobre o VIH e a SIDA. Mostra que uma pequena percentagem dos inquiridos (6%) não tinha visto ou ouvido qualquer mensagem sobre o VIH e a SIDA, enquanto 94% dos inquiridos tinham ouvido ou visto uma mensagem sobre o VIH e a SIDA.

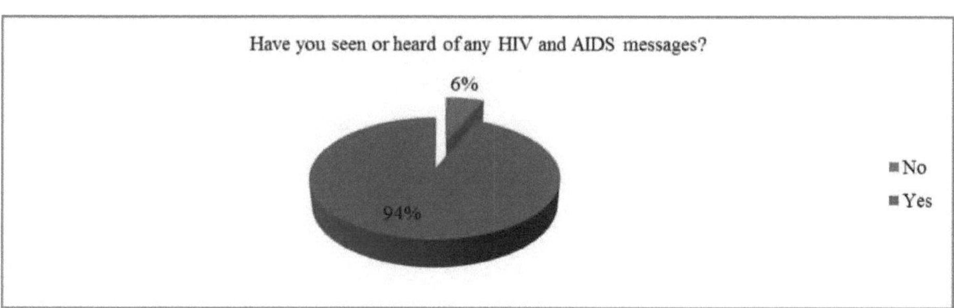

Figura 4. 5: *Viu ou ouviu alguma mensagem sobre o VIH e a SIDA*

A pequena percentagem de inquiridos que não tinha ouvido ou visto qualquer mensagem sobre o VIH e a SIDA está em desvantagem quando se trata de fazer escolhas correctas em relação a um comportamento sexual seguro, uma vez que podem ter conhecimentos incorrectos e insuficientes sobre os vários modos de transmissão do VIH. Também foi observado que o grande número de inquiridos que tinha visto ou ouvido mensagens sobre o VIH pode estar em melhor posição para negociar sexo seguro, uma vez que tinha conhecimentos sobre o VIH e a SIDA.

Fonte de informação sobre a prevenção do VIH e da SIDA

Em resposta a uma pergunta sobre a fonte de informação sobre a prevenção do VIH e da SIDA, a maioria dos inquiridos (66,9%) declarou que obtinha informações sobre a prevenção do VIH através da televisão. Seguem-se os materiais sobre o VIH e a SIDA e os jornais, com 33,1% e 30,2% dos inquiridos, respetivamente. A tabela também mostra que a maioria dos inquiridos não discute questões relacionadas com o VIH e a SIDA com os seus pares, uma vez que apenas 22,2% obtêm informações sobre prevenção através deste meio.

Quadro 4. 9: Fonte de informação sobre a prevenção do VIH e da SIDA

Informações sobre prevenção	Sim	Não	Total
	%	%	
T.V.	66.9	33.1	100
Rádio	43.0	57.0	100
Jornal	30.2	69.8	100
Internet	20.1	79.9	100
Materiais sobre o VIH e a SIDA	33.1	66.9	100
Acções de sensibilização/Campanhas	28.2	71.8	100
Pares	22.2	77.8	100

O meio de comunicação menos utilizado pelos inquiridos é a Internet, pois apenas 20,1% obtêm as suas informações sobre prevenção através desta fonte. Isto pode significar que a televisão e a rádio são os melhores meios para comunicar informações sobre o VIH e a SIDA aos jovens, uma vez que foram identificadas como as fontes mais populares de informação sobre o VIH e a SIDA.

Correlação entre a influência dos meios de comunicação social e as percepções de risco

A Tabela 4.10 mostra uma análise da relação entre a influência da Comunicação dos Meios de Comunicação de Massa e a Perceção de Risco do VIH e SIDA. As respostas sobre a perceção do risco foram codificadas como nenhum risco=4, baixo risco=1, risco médio=2 ou alto risco=3, enquanto as respostas sobre a influência da comunicação dos meios de comunicação de massas foram codificadas como nenhuma influência=4, pouca influência=1, influência moderada=2 e grande influência=3.

Quadro 4.10: Correlação entre a influência dos meios de comunicação social e a perceção do risco

		Perceção do risco	Influência da comunicação nos meios de comunicação social
Perceção do risco	Correlação de Pearson	1	0.016
	Sig. (bicaudal)		0.769
	N	344	329
Influência dos meios de comunicação social	Correlação de Pearson	0.016	1
Comunicação	Sig. (bicaudal)	0.769	
	N	329	329

A análise de correlação na tabela 4.10 revela que a Perceção de Risco está positivamente correlacionada com a Comunicação dos Meios de Comunicação de Massa, embora isto não seja significativo ao nível de 10%. Isto significa que os inquiridos que receberam mensagens sobre o VIH e a SIDA se consideram em maior risco do que aqueles que não receberam tais mensagens. No entanto, a relação não é significativa.

Quadro 4.11: Qui-quadrado para os métodos que utilizamos para reduzir o risco e o início precoce das actividades sexuais

	Valor	df	Asymp. Sig. (2 lados)
Qui-quadrado de Pearson	15.314[a]	2	.000
Rácio de verosimilhança	11.423	2	.003
Associação linear por linear	13.681	1	.000
N de casos válidos	308		

a. 3 células (50,0%) têm uma contagem esperada inferior a 5. A contagem mínima esperada é .38.

A Tabela 4.11 mostra um valor significativo do qui-quadrado de Pearson de 0,000. Uma vez que este valor é inferior a 0,05, significa que existe uma relação significativa entre os métodos utilizados pelos inquiridos para reduzir o risco de serem infectados pelo VIH, tais como a abstinência e a utilização de preservativos, e a influência da comunicação de informações sobre o VIH e a SIDA nos meios de comunicação de massas sobre o estilo de vida dos inquiridos no que se refere ao início precoce das actividades sexuais. Isto significa que os meios de comunicação social têm um impacto positivo e significativo no risco de ser infetado pelo VIH.

Quadro 4.12: Teste do qui-quadrado para a *influência dos meios de comunicação social na multiplicidade de parceiros sexuais*

	Valor	df	Asymp. Sig. (2 lados)
Qui-quadrado de Pearson	8.702[a]	2	.013
Rácio de verosimilhança	4.750	2	.093

| Associação linear por linear | .697 | 1 | .404 |
| N de casos válidos | 303 | | |

A Tabela 4.12 mostra um valor significativo do qui-quadrado de Pearson de 0,013. O valor é inferior a 0,05, o que indica que existe uma relação significativa entre o risco de ser infetado pelo VIH através de múltiplos parceiros sexuais e a influência da comunicação dos meios de comunicação social. Isto significa que os meios de comunicação social têm um impacto positivo e significativo no risco de ser infetado pelo VIH.

Quadro 4. 13: Teste do qui-quadrado para a *influência dos meios de comunicação social na troca de dinheiro ou presentes por sexo*

	Valor	df	Asymp. Sig. (2 lados)
Qui-quadrado de Pearson	.375[a]	2	.829
Rácio de verosimilhança	.703	2	.704
Associação linear por linear	.062	1	.804
N de casos válidos	304		

a. 3 células (50,0%) têm uma contagem esperada inferior a 5. A contagem mínima esperada é 0,33.

A Tabela 4.13 mostra um valor de qui-quadrado de Pearson de 0,829, que é superior a 0,05, indicando que não existe uma relação significativa entre os meios de comunicação social e a troca de dinheiro ou presentes por sexo. Isto implica que os meios de comunicação social não têm influência no risco de os inquiridos serem infectados com o VIH através da troca de dinheiro ou presentes por sexo.

Quadro 4.14: Teste do Qui-quadrado para a influência dos meios de comunicação social na utilização de preservativos

	Valor	df	Asymp. Sig. (2 lados)
Qui-quadrado de Pearson	24.260[a]	2	.000
Rácio de verosimilhança	5.645	2	.059
Associação linear por linear	5.855	1	.016
N de casos válidos	306		

a. 4 células (66,7%) têm uma contagem esperada inferior a 5. A contagem mínima esperada é 0,04.

A Tabela 4.14 mostra um valor significativo de qui-quadrado de Pearson de 0,000 (o valor é inferior a 0,05), indicando que existe uma relação significativa entre a comunicação de informações sobre o VIH e a SIDA nos meios de comunicação de massas e a utilização do preservativo. Isto implica que os meios de comunicação social têm um impacto positivo e significativo na utilização do preservativo entre os jovens.

Resumo do capítulo

O capítulo quatro apresenta uma análise quantitativa e qualitativa dos resultados da investigação efectuada. O capítulo seguinte discute os resultados da investigação à luz dos objectivos do estudo. Apresenta também as conclusões do estudo e as recomendações que dele resultam.

CAPÍTULO 5

DISCUSSÕES, CONCLUSÕES E RECOMENDAÇÕES

Introdução

Este capítulo discute os resultados com o objetivo de chegar a conclusões e recomendações para este estudo. Estas conclusões e recomendações são formuladas em função dos objectivos da investigação que serviram de base a este estudo.

Percepções do risco de VIH e SIDA

Este estudo revelou que 57% dos inquiridos se consideravam em risco de contrair o VIH, enquanto 43% pensavam não estar em risco. A grande percentagem que não se considerava em risco de contrair o VIH é motivo de preocupação, uma vez que o Distrito Leste de Kisumu tem uma taxa de prevalência do VIH e da SIDA de 12,2%, o que é o dobro da prevalência nacional do VIH. Este grupo pode envolver-se em comportamentos sexuais de risco, de acordo com as conclusões do KDHS (2008/2009), que observou que este grupo tem maior probabilidade de se envolver em actividades sexuais imprudentes.

Bankole et al. (2004) também referem que, quando um indivíduo considera a infeção como uma ameaça remota, começa a processar de forma tendenciosa todas as mensagens ou informações sobre o VIH que sejam coerentes com o seu comportamento. Isto acontece sobretudo durante a adolescência, quando a inexperiência e os factores de desenvolvimento psicológico promovem um certo sentimento de vulnerabilidade.

Além disso, de acordo com o Modelo de Crenças sobre Saúde, é pouco provável que os indivíduos adoptem um comportamento sexual "seguro" se não acreditarem que são susceptíveis de infeção. Por conseguinte, é importante compreender e avaliar corretamente o seu risco pessoal. No entanto, com 43% dos inquiridos no estudo a avaliarem-se a si próprios como estando em baixo risco ou não estando de todo em risco, é evidente que este é um dos factores que contribuem para a elevada prevalência do VIH entre os jovens no distrito de Kisumu Leste. Além disso, é importante notar que, entre os participantes do Inquérito Demográfico e de Saúde do Quénia 2008/09 que afirmaram não correr "nenhum risco" de contrair o VIH, quase 1 em cada 20 (4,6%) estava infetado pelo VIH.

Nível de conhecimento e sensibilização

Os resultados do estudo indicam que a consciência da existência do VIH e da SIDA entre os jovens é elevada. No entanto, verificou-se que os jovens não têm conhecimentos sobre os modos de transmissão do VIH e da SIDA, com a maioria dos jovens (43%) que participaram no estudo a não saberem que uma mãe pode transmitir a infeção pelo VIH ao feto e 46% dos jovens que participaram no estudo a acreditarem ou a não terem qualquer conhecimento de que ter relações sexuais desprotegidas com uma pessoa de aspeto saudável não pode conduzir a uma infeção pelo VIH. Esta conclusão está de acordo com o KDHS 2008/09, que concluiu que o conhecimento dos métodos de prevenção do VIH é menor entre os jovens com idades compreendidas entre os 15 e os 19 anos. Também está de acordo com Tegang (2007), que relatou que os jovens têm menos probabilidades do que os adultos de demonstrar uma compreensão exacta e abrangente de como prevenir a transmissão do VIH.

Com poucos conhecimentos sobre o VIH e a SIDA, os jovens são incapazes de tomar eficazmente a decisão certa de realizar ou não realizar uma determinada ação, uma vez que a teoria da perspetiva postula claramente que um indivíduo precisa de compreender o benefício, a ameaça, o ganho ou a perda de realizar ou não realizar uma determinada ação para tomar uma decisão. Isto pode, portanto, explicar por que razão os jovens do distrito de Kisumu Leste correm o risco de serem infectados com o VIH, uma vez que não possuem conhecimentos abrangentes sobre o VIH e a SIDA que os ajudem a fazer as escolhas certas no que diz respeito a comportamentos sexuais de risco.

Fontes de informação sobre o VIH e a SIDA

A televisão e a rádio foram identificadas como as fontes mais populares de informação sobre o VIH e a SIDA acessíveis aos jovens do Distrito Leste de Kisumu. Eles confiavam nestas duas fontes para a maior parte da informação sobre prevenção do VIH. É necessário melhorar a qualidade e a cobertura dos programas de comunicação sobre o VIH e a SIDA centrados nos jovens através dos vários meios de comunicação social. O relatório global da ONUSIDA (2004) sobre os meios de comunicação social e o VIH concorda com as conclusões do estudo, tal como ilustrado nos inquéritos nacionais realizados nos Estados Unidos, onde 72% dos inquiridos na América identificaram a televisão, a rádio e os jornais como a sua principal fonte de informação sobre o VIH e a SIDA. O relatório afirma ainda que os meios de comunicação social, em particular os meios de radiodifusão, têm um enorme alcance e influência e são um instrumento muito importante para promover a sensibilização para o VIH e a SIDA e para a luta contra a pandemia.

A influência da comunicação dos meios de comunicação social na perceção dos riscos

O estudo também revelou que os meios de comunicação social têm influência sobre as percepções dos jovens no que diz respeito ao risco de contrair o VIH. Cerca de sessenta por cento (57%) dos jovens que se consideravam em risco de contrair o VIH tinham recebido informações sobre a prevenção do VIH através dos meios de comunicação social. Esta conclusão está de acordo com McQuail (2005), que é da opinião de que, sempre que os vários meios de comunicação exercem influência, também provocam mudanças.

A literatura sobre a influência dos meios de comunicação social também demonstrou que, através das intervenções dos meios de comunicação social, se verificaram muitas mudanças, com diferentes comunidades a reconhecerem que as suas acções foram influenciadas pelos meios de comunicação social. Um relatório da Global Media AIDS Initiative (2004), por exemplo, revelou que foi através de intervenções dos meios de comunicação social que uma aldeia na Índia virou as costas ao sistema de dote depois de ter ouvido uma telenovela na rádio chamada *"TinkaTinkaSukh"* (Pequenos passos para uma vida melhor). O mesmo relatório refere que a popular telenovela sul-africana *"Soul City"* provocou uma mudança de política social a nível nacional, uma vez que a série pôs em evidência a violência doméstica quando uma personagem, um professor respeitado, maltratou a sua mulher. Os departamentos e funcionários governamentais reconheceram que a Lei da Violência Doméstica de 1999 foi criada em resultado das campanhas dos meios de comunicação social.

Além disso, o modelo de crenças de saúde informa-nos que o comportamento é influenciado por um lembrete para agir. A informação dos meios de comunicação social funciona como um estímulo à ação, influenciando assim a perceção de um indivíduo sobre o risco de contrair o VIH. Este estudo revelou que a maioria (57%) dos inquiridos que se consideravam em risco de contrair o VIH tinha recebido informações sobre a prevenção do VIH através dos meios de comunicação social.

Conclusões

Os meios de comunicação social têm influência nas percepções de risco relativamente ao comportamento sexual dos jovens no distrito de Kisumu Leste. Os resultados do estudo confirmaram que os jovens consideram grave a situação do VIH no distrito de Kisumu Leste. No entanto, 43% não se consideram em risco de contrair o VIH. É mais provável que os jovens adoptem comportamentos de redução dos riscos quando se consideram em risco de contrair o VIH do que quando não se consideram em risco.

Os inquiridos demonstraram ter poucos conhecimentos sobre algumas das questões colocadas relativamente à forma como o VIH é transmitido. Das onze perguntas feitas, apenas uma foi respondida corretamente por todos os inquiridos. A atualização da epidemia de SIDA no Quénia (2012) refere que a sensibilização para o VIH, a compreensão da forma como este pode ser transmitido e a perceção do risco individual são três elementos essenciais para a redução do risco sexual. Uma avaliação dos conhecimentos sobre os modos de transmissão do VIH revelou que os jovens do distrito de Kisumu Leste não possuem conhecimentos completos sobre os modos de transmissão.

A televisão e a rádio são os meios preferidos para comunicar informações sobre o VIH e a SIDA aos jovens, pois foram consideradas as fontes mais populares de informação sobre o VIH e a SIDA. Esta conclusão é semelhante às conclusões do relatório global da ONUSIDA (2004) sobre os meios de comunicação e o VIH, que ilustrou um inquérito nacional realizado nos Estados Unidos. Nesse inquérito, 72% dos inquiridos nos Estados Unidos identificaram a televisão, a rádio e o jornal como a sua principal fonte de informação sobre o VIH e a SIDA.

Recomendações

Este estudo demonstrou que os meios de comunicação social têm influência nas percepções de risco dos jovens e que os meios de comunicação social têm um papel fundamental a desempenhar na luta contra o VIH. Por conseguinte, os meios de comunicação social devem abrir mais canais de comunicação e promover debates sobre o VIH e as relações interpessoais, desmistificando claramente os mitos e as ideias erradas que os jovens possam ter sobre a doença. Tal como se reflecte na análise da literatura, a abordagem do VIH nos programas de entretenimento pode ter um enorme impacto numa sociedade de risco. Também é importante notar que a transmissão de mensagens sobre o VIH e a SIDA é fundamental, uma vez que determinará o impacto da informação. O desenvolvimento de uma estratégia de comunicação para os jovens seria o ponto de partida.

Para garantir que os jovens tenham conhecimentos sobre a transmissão do VIH e da SIDA, o governo, através do Ministério da Educação, tem de garantir que um tópico examinável sobre o VIH e a SIDA seja incluído no currículo desde o nível primário até ao nível secundário. Isto garantirá que os jovens leiam e compreendam a epidemiologia do VIH e da SIDA, dando-lhes assim uma vantagem quando confrontados com uma situação que os obrigue a tomar uma decisão que possa envolver riscos. Também ajudará os jovens a fazer uma avaliação exacta do seu próprio risco, o que é prudente para a adoção de um comportamento sexual seguro.

Resumo do capítulo

Este capítulo discutiu os resultados da investigação em relação aos objectivos do estudo. Também apresentou as conclusões retiradas dos objectivos do estudo, recomendações sobre a forma como os meios de comunicação social podem ajudar a influenciar as percepções de risco dos jovens e recomendações para estudos futuros.

REFERÊNCIAS

Aakko, E. (2004). Risk communication Risk perceptions and public health (Comunicação dos riscos Percepções de risco e saúde pública). *Wisconsin Medical Journal: 2004 Vol. 103 No. 1*

Adesegun, O. & Akin, J. (2006). *The roles of Behavior Change Communication and Mass Media: Making BCC count in HIV/AIDS prevention.* Cidade de publicação. Centro de Estudos de População e Desenvolvimento de Harvard

Ajzen, I. &Fishbein, J. (1980). *Understanding Attitudes and Predicting Social Behavior (Compreender as atitudes e prever o comportamento social).* Englewood Cliffs, NJ, EUA: Prentice Hall, 1980.

Akwara, P., Madise, N. & Hinde, A. (2003). Perception of risk of HIV/AIDS and Sexual Behavior in Kenya (Perceção do risco de VIH/SIDA e comportamento sexual no Quénia). *Journal of Biosocial Science*, 35, 385-411

Anderson, K. G., Beutel, A. & Maugham-Brown, B., (2007).HIV risk perceptions and first sexual intercourse among youth in Cape Town, South Africa. International Family Planning Perspectives, 17(1): 53-72

Arrow, K. J. (2005). *A teoria da aversão ao risco em Aspects of the Theory of Risk bearing* Chicago: Markham Publishing.

Ajzen, I. & Fishbein J, M. (1980) *Understanding Attitudes and Predicting Social Behavior,* Englewood Cliffs, NJ, USA: Prentice Hall, 1980.

Bandura, A. (1994). *Social cognitive theory and exercise of control over HIV infection (Teoria social cognitiva e exercício de controlo da infeção pelo VIH).* New York: Plenum

Bankole, A., Singh, S., Woog, V. & Wulf, D. (2004). *Risk and Protection: Youth and HIV/AIDS in Sub-Saharan Africa.* Nova Iorque: The Alan Guttmacher Institute.

Becker, M. H. (1974). Personal health behavior and the Health Belief Model. *Health Education Monographs*, 2, 324-329.

Beggan, James K. (1994). The Preference for Gain Frames in Consumer Decision Making. *Jornal de Psicologia Social Aplicada* 24 (16), 1407-1427

Bernani, L. (2002). Determinantes da perceção individual do risco de SIDA: conhecimento, controlo comportamental e influência social. *Jornal Africano de Investigação sobre a SIDA* 1 (2), 29

Breyer, F. & Fuchs, V. R. (1982). *Risk attitudes in health: An exploratory study* (NBER working paper No. 875). Retirado do sítio Web do National Bureau of Economics Research:

http://www.nber.org/papers/w0875.pdf?new_window=1

Brown, B., Crawford, P., & Carter, R. (2006). *Evidence based health communication.* New York: Open University Press, Mc-Graw Hill

Brun, W. (1994). *Perceção do risco: Main issues, approached and findings.* Em G. Wright e P. Ayton (Eds.), Subjective probability (pp. 395-420). Chichester: John Wiley and Sons.

Bundo, L. (2003). *Knowledge Attitude, Practice and Beliefs towards HIV/AIDS Prevention among Men and Women in Mukuru Slums.* Tese de mestrado não publicada, AMREF.

Caldwell, J., Caldwell, P., Caldwell, B. & Pieris, I. (1998). *The construction of adolescence in a Changing world: implications for Sexuality, reproduction, and marriage.* Studies in Family Planning, 29(2), 137-153.

Call, K., Riedel, A., Hein, K., McLoyd, V., Petersen, A., & Kipke, M. (2002). Adolescent health and Well-being in the 21st century: Uma perspetiva global. *Journal of Research on Adolescence*, 12(1), 69-98.

Catania, J., Kegeles, S. & Coates, T. (1990). Towards an Understanding of risk behavior: an AIDS risk reduction model (ARRM), *Journal of Health Education Quarterly*, 17(1), 53-72.

Centro de Serviços de Saúde Mental, Administração de Serviços de Abuso de

Substâncias e Saúde Mental. (2002).*Communicating in a crisis: Risk Communication guidelines for public officials*. Washington, DC: Government printing office.

Coulson, N. (2002). *Desenvolvimento da utilização dos meios de comunicação social a nível nacional para a prevenção do VIH na África do Sul*. Obtido em 17 de julho de 2007, em www.comminit.com/pdf

Degraft-Johnson, J., Bisika T., Sulzbach, S., Benson, A., Tsui A. O. (2004). Factors associated with HIV and AIDS knowledge and risk perception in Rural Malawi. *Journal on AIDS and Behavior*, 8(2), 141-140.

Dennis, S. & Colleen, F. (1991) A comunicação *do risco público: a sua teoria e a sua aplicação*. Sociological Practice Review 2 (1), 20-28.

Douglas, M. (1985). *Risk acceptability according to the social sciences* (collected works).

Elliott, S. & Robert, B. (1989).Subjective Framing and Attitudes towards Risk. *Journal of Economic Psychology* 10, 321-328.

ONUSIDA E OMS (2002). Fact *Sheet on HIV/AIDS and Sexually Transmitted Diseases: Quénia, atualização de 2002*. Obtido de http : //www.who. int/hiv/pub/epidemiology/pubfacts/en/

Instituto de Saúde da Família. (2002). *Behavior Change Communication for HIV and AIDS.*

Obtido emhttp:/www2.unescobkk.org/hivaids/fullTextDB/aspupuploadFiles/bccstra tegy.pdf

Ministério Federal da Saúde. (2005). *Inquérito sentinela nacional de seroprevalência do VIH: Process and findings*. Abuja, Nigéria: Ministério Federal da Saúde da Nigéria: abril de 2004.

Fischhoff, B. (1983). Predicting Frames, *Journal of Experimental Psychology: Learning, Memory, and Cognition* 9 (1), 103-116.

Foreman, M. (Ed.). (1999). *SIDA e Homens: Taking Risks or Taking Responsibility?*

London: Panos/Zed books.

Glanz, K., Rimer, B. & Lewis, F. (2002). *Health Behavior and Health Education; Theory, Research and Practice (Comportamento e Educação para a Saúde; Teoria, Investigação e Prática)*. San Fransisco: Wiley & Sons.

Green, C., Tunstall, S., & Maureen, F. (1991).The Risks from Flooding: Which Risks and Who's Perception? *Disasters 15:227-236.*

Haim, L. (2006). *Stochastic Dominance: Investment Decision Making under Uncertainty.* Estados Unidos da América: Springer

Hull, S.(2011, novembro). *Perceived Risk as a Moderator of the Effectiveness of Framed HIV Test Promotion Messages among Women: A Randomized Controlled Trial.* Trabalho apresentado na conferência anual de 2011 da National Communication Association. Nova Orleães, LA.

Integrated Behavioral and Societal Approach to Communications in HIV/AIDS. *Jornal de Comunicação em Saúde*, 2000; 5 (Suplemento), 17-27

Centro Internacional de Investigação sobre as Mulheres. (2001, dezembro). O papel crítico da juventude no desenvolvimento global. Boletim de Informação do CICR Washington, DC

Kamaara, E. (2004). *Gender, HIV/AIDS and the Role of the Church in Kenya (Género, VIH/SIDA e o Papel da Igreja no Quénia).* Documento apresentado na Conferência Nacional sobre o VIH/SIDA e a Família no Quénia. Capítulo da AAWORD no Quénia.

Kahneman, D. &Tversky, A. (1979). *Prospect Theory: An Analysis of Decisions under Risco*, Econometrica 47: 263-291.

Serviço Nacional de Estatística do Quénia (KNBS) e ICF Macro. (2010). *Inquérito Demográfico e de Saúde no Quénia* 2008-09. Calverton, Maryland: KNBS e ICF macro.

Serviço Nacional de Estatística do Quénia (KNBS). (2009). *Censo da população e da habitação do Quénia.* Editora Nairobi.

Keown, C. (1989). Risk perception of Hong Kongesevs Americans. *A Journal on Risk Analysis*. 9, 401-405.

Kiragu, K. (2001) Youth and HIV and AIDS: Can we avoid a catastrophe? (The Johns Hopkins University Bloomberg School of Public Health, Population Information Program Series L, No. 12) Baltimore, MD: Population Reports, p. 1-58.

Kouabenan, D. (2002).Occupation, driving experience, and risk and accident perception. *Journal of Risk Research*, 5(1), 49-68.

Krejcie, R. & Morgan, D. (1970).Determinação da dimensão da amostra para actividades de investigação. *Educational and Psychological Measurement*. 30, 607-610.

Kronenfeld, J. &Glik, D. (1991).Percepções de risco: A sua aplicabilidade na investigação sociológica médica. *Research in the Sociology of Health Care*, 9, 307-334.

Langer, E. (1975). The illusion of control. *Journal of Personality and Social Psychology*, 32, 311-328.

Luke, N. (2003). Age and economic asymmetries in the sexual relationships of adolescent girls in sub-Saharan Africa. *Journal of Studies in Family Planning*, 34 (2)67-86.

Macintyre, K., Brown, L., Sosler, S. (2001). It is not what you know, but who you know: examining the relationship between behavior change and AIDS mortality in Africa, AIDS Education and Prevention, 13(2), 160-174.

Maiman, L.A. & Becker, M. H. (1974).The Health Belief Model: Origins and correlate in psychological theory. *Health Education Monographs*, 2, 336-353.

Maswanya, E. S., Moji, K., Horiguchi, I., Nagata, K., Aoyagi, K., Honda, S. & Takemoto, T. (1999). Knowledge, Risk perception of AIDS and Reported sexual behavior among students in Secondary schools and colleges in Tanzania. *Journal of Health Education Research*, 14 (2), 185-196

Maticka, T. (2005).The sexual scripts of Kenyan young people and HIV prevention. *Cultura, Saúde e Sexualidade*, 2005, 7(1): 27-41

Maticka, T., Brouillard, C., Gallant, M., Holland, D., Metcalfe, K., Sverdrup, S. (2002). *Pre-Programme Integrated Qualitative and Quantitative Report (Relatório Qualitativo e Quantitativo Integrado Pré-Programa)*. Relatório produzido para o Departamento para o Desenvolvimento Internacional, Reino Unido. Disponível em www.psabh.info.

McKenna, F. P. (1993). It won't happen to me: Otimismo irrealista ou ilusão de controlo? *British Journal of Psychology*, 84, 39-50.

Mei, W., & Paul, S. F. (2004). Incorporating Framing into Prospect Theory Modeling: A Mixture-Model Approach: *The Journal of Risk and Uncertainty*, 29(2) 181197

Melkote S.R., Muppidi, S.R. & Goswami, D. (2001).Social and Economic Factors in an Integrated Behavioral and Societal Approach to Communications in HIV/AIDS. *Journal of Health Communication*, Suplemento, 17-27

Milbourne, E. (2001). *Perceção e tomada de decisões individuais*. Recuperado em abril 23, 2013 de http://home.ubalt.edu/ntsbmilb/ob/ob3/tsld001.htm

Ministério da Saúde Pública e Saneamento & Programa Nacional de Controlo da SIDA/DST. (2010). *Circuncisão Médica Masculina Voluntária para a Prevenção do VIH no Quénia: Relatório da Primeira Iniciativa de Resultados Rápidos*. novembro/dezembro de 2009. Nairobi, Quénia: Governo do Quénia, outubro de 2010.

Morrow, B. H. (2009) *Risk Behavior and Risk Communication: Síntese e Entrevistas com Peritos.* Relatório preparado para o Centro de Serviços Costeiros da NOAA, Charleston, SC.

Programa Nacional de Controlo da SIDA/DST (NASCOP), Quénia. (2007). *Inquérito de Indicadores da SIDA no Quénia: Relatório final*. Nairobi, NASCOP. setembro de 2009

Conselho Nacional de Controlo da SIDA (NACC) (2009). *Kenya HIV Prevention Response and Modes of Transmission Analysis (Resposta de Prevenção do VIH no Quénia e Análise dos Modos de Transmissão)*. Nairobi: Comité de Investigação e Estudo da SIDA do Quénia.

NACC & NASCOP (2012) *Atualização da epidemia de SIDA no Quénia em 2012.* Nairobi, Quénia

NASCOP, Ministério da Saúde &NACC, Nairobi UNAIDS/WHO (2002), *Epidemiological*

Fact Sheet on HIV/AIDS and Sexually Transmitted Diseases: Kenya, 2002 Update, Retrieved from http : //www.who. int/hiv/pub/epidemiology/pubfacts/en/

Programa Nacional de Controlo da SIDA/DST. (2005). *SIDA no Quénia: Background, Projections, Impact, Interventions, and Policy*. NASCOP; 2005

Conselho Nacional de Investigação. (1989). *Improving Risk Communication*: Washington, DC: The National Academies Press.

Okonofua, F. (2000). Saúde reprodutiva dos adolescentes em África: Future challenges. *Revista Africana de Saúde Reprodutiva*, 4 (1), 1-4.

Omoera, O. S., Omoera, K. R., Awosola, Okhakhu, A. M, & Adesina, A. A. (2010). HIV/SIDA e os meios de comunicação social em comunidades urbanas no Estado de Edo, Nigéria. *O Jornal Internacional de Investigação e Revisão*, .4.

Orubuloye, I. (1994). Sexual networking and AIDS in sub-Saharan Africa: Behavioral Research and the social context, In Caldwell J Caldwell P & Quiggin P. (Eds.) *the Social Context of AIDS in sub-Saharan Africa*, Australia: Australian National University, p. 129-161.

Population Reference Bureau. (2004). *World population data sheet*. Recuperado em 25 de abril de 2005, de http://www.prb.org/datafind/datafinder5 .htm

Prata. N., Morris, L., Mazive, E., Vahidnia, F. & Sterhr, M. (2006). Relação entre Perceção de Risco de HIV e Uso de Preservativo: Evidence from a PopulationBased

Survey in Mozambique. *Journal of International Family Planning Perspectives*. 32(4), 192-200.

Rosenstock, I. M. (1966). Why people use health services. *Milbank Memorial Fund Quarterly, 83*(4), 1-32.

Rosenstock, I. M. (1974). Historical origins of the health belief model. *Health Education Monographs, 2,328-335.*

Rosenstock, I. M. (1975). *The health belief model and preventative health behavior*: Health Education Monographs, 2: 354-86.

Salant, P., & Dillman, D.A. (1994).*How to conduct your own survey*. New York: John Wiley &Sons, Inc.

Sheppard, Z., Madise, N., Sigle, R.W., Hennink, M. (2001). *Gender differentials in HIV/AIDS perception and change of behavior in Uganda*, Documento apresentado na Reunião Anual do PAA, Washington DC, 29-31 de março.

Shobo, Y. (2007). Youth's Perceptions of HIV infection Risk: A sex-specific test of two risk models. *Jornal Africano de Investigação sobre SIDA*, 6(1), 1-8.

Sigveoltedal, Bjorg, E., Moen, H., Torbjorn, R. (2004). *Explicar a perceção do risco: Uma avaliação da teoria cultural*. Cidade de publicação. RotundePubliKasjoner

Slovic, P. (2002). *Risk management strategies in an uncertain world*. New York. Palisades

Técnicas de pequenas amostras. (dezembro, 1960).*The NEA Research Bulletin*, Vol. 38 p.99

Srinivas, R., Melkote & Steeves, H. L. (2001).*Communication for Development in Third World: Theory and practice for Empowerment.* Publicação Sage

Tegang, S. (2007). *Relatório do Inquérito de Monitorização Comportamental de Base APHIAII - Costa - Vale do Rift*

Tenkorang, E., & Maticka, T. E. (2008).*Factores que influenciam o momento da primeira relação sexual entre os jovens em Nyanza, Quénia*. International Family

Planning Perspectives .34 (4), 177-188.

Tenkorang, E., & Maticka, T. E. (2009). Riscos percebidos de VIH e SIDA e primeira relação sexual entre jovens na Cidade do Cabo, África do Sul. *Journal of AIDS and Behavior*. 13 (2) 234-245

Toll, Benjamin, et al. Comparing Gain- and Loss-Framed Messages for Smoking Cessation with Sustained-Release Bupropion: A Randomized Controlled Trial. *Psychology of Addictive Behavior* 24, No. 4 (2007): 534-544.

Trondheim, T. R. (2004). *Explicando a perceção de risco: Uma avaliação do Paradigma Psicométrico na investigação da perceção do risco*. Local de publicação: Universidade Norueguesa de Ciência e Tecnologia

UNAIDS (1999). *Mudança de comportamento sexual para o VIH: Onde é que as teorias nos levaram?* Genebra: ONUSIDA

ONUSIDA (2004). *The media and HIV/AIDS: making a difference.* Genebra: ONUSIDA

ONUSIDA (2009). *Relatório sobre a atualização regional do VIH e da SIDA em África.* Genebra: ONUSIDA

ONUSIDA/OMS (2004). *Folha de Dados Epidemiológicos sobre o VIH/SIDA e as doenças sexualmente*

Infecções Transmissíveis: Kenya, 2004 Update, Retrieved from http : //www.who. int/hiv/pub/epidemiology/pubfacts/en/

Nações Unidas (2002).*HIV/AIDS: Awareness and Behavior,* ST/ESA/SER.A/209,

Nações Unidas, Nova Iorque, Obtido de

http://www.un.org/esa/population/publications/AIDS awareness/

Fundo das Nações Unidas para a População. (2005). *State of World Population 2005.* Ficha de informação sobre os jovens e a SIDA

Venier, J. L., Ross, M. W., Akande, A. (1998). *HIV/AIDS-related social anxieties in Adolescents in three African countries* Social Science Medicine, 46(3), 313-320.

Wamucii, N., & Teresa, C. M., (2006). *The Persisting Gap between HIV/AIDS Knowledge and Risk Prevention among Kenyan Youth (A persistência da lacuna entre os conhecimentos sobre o VIH/SIDA e a prevenção de riscos entre os jovens quenianos)*. Genus LXII (No. 2): 135-168.

Weinstein, N. D. (1980). Unrealistic optimism about future life events. *Journal of Personality and Social Psychology*, 39(5), 806-820.

Wiener, J. L., James W. G. & Ronald, K. M. (1986). The Framing of Insurance Purchase Decisions. *Advances in Consumer Research* 13, 251-256

Organização Mundial de Saúde (1997).*Estudo multicêntrico* Genebra: Organização Mundial de Saúde.

Zabin, L. S., Kiragu, K. (1998). The health consequences of adolescent sexual and fertility behavior in Sub-Saharan Africa *Studies in Family Planning*, 29(2), 210332.

Zebideru Z., (2005). Assessment of HIV risk perception and condom use among youth in Debre Birhan District, Central Ethiopia. Tese de mestrado não publicada, Universidade de Adis Abeba